人效倍增

人力配置与管理效能提升的利器

任康磊◎著

U0876683

人民邮电出版社
北京

图书在版编目（CIP）数据

人效倍增 ： 人力配置与管理效能提升的利器 / 任康磊著. -- 北京 : 人民邮电出版社, 2024.6
ISBN 978-7-115-63601-0

Ⅰ. ①人… Ⅱ. ①任… Ⅲ. ①企业管理－人力资源管理 Ⅳ. ①F272.92

中国国家版本馆CIP数据核字(2024)第033638号

内容提要

本书主要介绍企业提升人均劳动效率（简称“人效”）的相关工具和方法论，将提升人效的方法可视化、流程化、步骤化、模板化，并通过对实战案例的详解，呈现操作过程，让读者能够轻松上手，快速掌握提升人效的工具和方法。

本书共7章，介绍了与提升人效相关的7个维度的知识，分别是人效的算法与认知、人效相关数据分析、人工成本与岗位编制测算、人力资源预测与规划、岗位分析与岗位价值评估、人才盘点与人才梯队建设、人才激励与资源盘活善用。

本书案例丰富，模板齐全，实操性强，通俗易懂，适合人力资源管理各级从业人员、企业各级管理者、各高校人力资源管理专业的学生、想考取企业人力资源管理师及其他人力资源管理专业相关证书的学员、需要人力资源管理实战工具书的人员，以及其他对人力资源管理工作感兴趣的人员使用。

◆ 著　　　　任康磊
　责任编辑　恭竟平
　责任印制　周昇亮
◆ 人民邮电出版社出版发行　　北京市丰台区成寿寺路 11 号
　邮编　100164　　电子邮件　315@ptpress.com.cn
　网址　https://www.ptpress.com.cn
　涿州市般润文化传播有限公司印刷
◆ 开本：700×1000　1/16
　印张：13　　　　　2024 年 6 月第 1 版
　字数：277 千字　　2024 年 10 月河北第 4 次印刷

定价：69.80 元

读者服务热线：(010) 81055296　印装质量热线：(010) 81055316
反盗版热线：(010) 81055315
广告经营许可证：京东市监广登字 20170147 号

前言

有家大型集团公司的CEO以雷厉风行著称，这家集团公司在全国各地都设有分公司，他时常要到各地分公司走访视察，调研和分析这些分公司的经营管理状况，以期提高分公司的经营效益和运营效率。在所有的关注点中，他有一个重点观察的维度——每个分公司的用人情况。

该集团公司有两个城市的分公司A公司和B公司，两个公司在市场环境、业务类别和产业规模等各维度都比较相似，然而A公司的经营业绩和利润水平却远不及B公司。于是CEO决定重点走访这两家公司以了解情况。根据用人细节的不同，他发现了A公司总经理和B公司总经理在经营管理意识上的差距。

CEO来到A公司，发现A公司的行政助理岗位有3名工作人员，而自己前不久刚走访的B公司行政助理岗位仅有1人。于是CEO与A公司总经理交流此事，询问其能否将行政助理岗位像B公司那样缩减至1人。

A公司总经理向CEO反映了很多本公司的“特殊情况”，说了很多不能缩减人员编制的理由。CEO听完后，认为这些理由不够充分，B公司能做到的A公司理应也能做到；A公司做不到的原因更多是没有认识到自身问题，排斥改变，怠于执行。直到CEO离开A公司，A公司总经理依然坚持认为本公司行政助理岗位需要3个人。

离开A公司后，CEO与B公司总经理取得联络，要求其招聘一位应届毕业生，跟着B公司行政助理岗位的工作人员学习。半年后，这位应届毕业生已经足够成熟，能够独立开展工作。CEO下令将其调到A公司，接替了A公司行政助理岗位原来3名工作人员的工作。

从此，A公司原本需要3个人完成的工作，现在1个人就能完成了……

随着经济持续发展，人们对物质生活的要求不断提高，员工期望自己的工资能够随着组织发展逐年上涨，然而如果没有良好的市场环境和高效的经营管理作为支撑，组织的发展就很容易遭遇瓶颈。

面对不断增大的人工成本压力，组织的经营压力必然越来越显著。未来，关于提升管理效能、提高用人效率、提高员工劳动效率的尝试将会在各大组织中持续上演。那些管理效能低下、人效水平低的组织，将逐渐被市场淘汰。

在衡量管理效能的不同维度中，人效是一个非常重要的维度，很多组织都在尝试用更少的人做更多的事。提升人效的努力不仅在各类组织中有意识或无意识地进行着，而且在有效果或无效果地进行着。

有的组织意识到人效的重要性，故有意识地提升人效；有的组织没有特别关注人效，但关注整体效率的提高或成本的降低，也无意中提升了人效。有的组织用对了方法，在提升人效方面取得了比较好的成果；有的组织不得法，在提升人效方面没有取得好的成果。

如今，很多组织倡导“减员增效”，期望用 1 个人干 3 个人的活，发 2 个人的工资。为此，人们苦苦寻找方法，做了很多尝试。

早在 1898 年，有个叫弗雷德里克·温斯洛·泰勒（Frederick Winslow Taylor）的人就在美国的伯利恒钢铁公司进行过一个“铁铲实验”。通过改变铁铲的形状、规格和工人的劳动方式，泰勒将工人们每人每天的操作量从 16 吨提高到 59 吨，将堆料场的劳动力从 400~600 人减少到 140 人，将工人的日工资从 1.15 美元提高到 1.88 美元。

这不就是今天组织期望的“用 1 个人干 3 个人的活，发 2 个人的工资”吗？

泰勒致力于类似的降低成本或提高效率的实验研究，提出了很多科学管理的理念，因此被称为“科学管理之父”。实际上，泰勒做过的事，正是今天中国很多组织应该做、想要做、正在做或没做到的事。

每个组织都期望提高效率，管理中也称为提升组织效能。提升组织效能的方法有很多，可以从更新生产资料的层面、优化流程的层面、使用方法论的层面等入手。因为组织中的所有工作都与人有直接或间接的关系，所以提升人效是提升组织效能的关键方法之一。毕竟，不论是生产资料、流程或方法论的改善，最终都要依靠人来完成。

如何提升人效呢？

人效的通用计算公式为：人效 = 一段时期产生的效益 ÷ 这段时期创造效益的人数。

提升人效似乎很简单，从计算公式来看，只需要提高一段时期产生的效益或减少这段时期创造效益的人数就可以了。

这听起来是不是有点儿像减肥？人们问如何有效减肥时，总是可以得到一个简单的回答——“管住嘴，迈开腿”，而我们知道，实际的减肥过程并没有那么简单。“管住嘴，迈开腿”只是方向，而不是具体方法。

同样，“提高一段时期产生的效益”和“减少这段时期创造效益的人数”是方向，具体要怎么做？要如何做好？这些问题困扰着很多组织。有的组织做得比较成功，有的组织则相对做得并不成功。这让笔者萌生了写作本书的想法。

笔者曾经担任世界 500 强企业和国内大型 A 股上市公司的人力资源总监，曾经负责过一家年销售规模超百亿元公司的人力资源管理工作，这家公司每年的人工成本接近 20 亿元。

随着公司规模的不断扩大，笔者在平均每年总人数增长约 5% 的前提下，保证全体员工每年平均工资增长 7%，人工成本总额每年仅增长 4%，人力费用率每年持平，同时可以做到人效逐年提升。

笔者如今带领团队从事管理咨询工作，常年为多家上市公司和大型公司提供企业管理和人力资源管理的咨询与顾问服务，帮助这些组织提高组织效益，提升管理效能，降低人工成本。

本书总结了提升人效的工具和方法论，所有案例均来自管理咨询实战，内容重心是基于真实场景制定解决方案的过程。因为笔者团队承接的所有咨询项目都签有保密协议，本着对客户负责的态度，本书所有案例均隐去了公司名称、商业秘密等数据。但本书保留了分析问题、解决问题的思考过程和解决方案的框架，将问题抽象总结成容易理解的模型，并提供解决问题相应的工具和方法论，以期使读者收获满满。

祝读者朋友们能够学以致用，更好地学习和工作。

本书若有不足之处，欢迎读者朋友们批评指正。

目录

2 第2章 人效相关数据分析

3 第3章 人工成本与岗位编制测算

第 5 章 岗位分析与岗位价值评估

7 第7章 人才激励与资源盘活善用

第1章 人效的算法与认知

人效既是判断组织运营效率和竞争力的关键数据，也是判断组织中人才绩效和能力水平的重要参考指标。随着市场环境中各类组织间的竞争持续加剧，人效已经成为衡量组织经营管理水平的重要标尺。

1.1 计算公式：计算人效的方法

人均劳动效率，有时也被称为劳动效率，简称人效，含义是一段时间内平均每名员工产生的效益。

人效的通用计算公式为：人效 = 一段时期产生的效益 ÷ 这段时期创造效益的人数。

其中，根据行业属性和组织关注点的不同，一段时期产生的效益可以是一段时期的销售额、毛利润、利润额或产值。从财务角度来说，也可以对一些效益指标进行税前或税后的定义。

这里的一段时期的单位一般是月、季、半年或年，其中以月居多。

1.1.1 人员系数：如何计算时段人数

在人效的计算公式中，比较容易出问题的点是这段时期创造效益的人数的计算。很多组织对人数的计算方法没有概念。怎么个没有概念呢？你可以试着回答这样一个问题：“上个月，公司一共有多少人？”

这个问题看起来似乎很简单，有人直接回答月初的人数，有人直接回答月末的人数，有人认为是月初人数与月末人数之和的一半，有人认为是当月发工资的人数。

实际上，这些答案都不对。为什么呢？

因为当月的人数是时段人数，当前人数是时点人数。

对于时点人数，大家都很熟悉。假如问题是：当下公司一共有多少人（含请假未上班的人数）？这个问题的答案比较明确，不会存在太多争议，就是公司当前的在册人数。

我们平常说的月初人数或月末人数，指的都是时点人数，就是月初那一天那个时间点或月末那一天那个时间点的人数。

但时段人数和时点人数不一样。在一段时间内会出现很多状况，例如在一个月里，有的人上了一段时间班，离职了；有的人月初入职，有的人月末才入职；有的人出现临时状况，请了好几天假。说起请假，情况就更复杂了，在一个月里，员工可能请事假、病假、婚假、丧假等。

既然在一个月里可能有这么多状况，怎么能用时点人数的简单加减来计算整个时间段的人数呢？所以时段人数和时点人数的计算方法应当是不一样的。使用几个时点人数简单计算出的时段人数，也是不准确的。

那怎么计算时段人数呢？

对于时段人数，正确的做法是计算人员系数。人员系数是根据员工的出勤情况计算的，能更精确地表示员工的工作量，或一个时间段的人数。一切与时间段有关的人数，指的都是人员系数，而不是某个时点的人数。

人员系数具体该怎么计算呢？

人员系数 = 员工实际出勤天数 ÷ 员工应出勤天数。

例如在某个月，员工张三的应出勤天数是 20 天，他实际出勤了 10 天，那么在这个月，张三的人员系数就是 0.5（10÷20）。

假如张三出满勤（20 天），张三在这个月的人员系数是 1（20÷20）。

假如张三在这个月出勤了 25 天，张三在这个月的人员系数就是 1.25（25÷20）。

虽然从常理判断，1 个人不应该出现 0.5 或 1.25 一说，听起来好像是半个人或 1 个多人。但对组织来说，假如 1 个员工 1 个月出勤了一半的时间，这个员工在时间上就只创造了 0.5 个人的贡献，而不是创造了 1 个人的贡献，所以相当于 0.5 个人；假如 1 个员工 1 个月出勤超过满勤天数，这个员工在时间上就创造了超过 1 个人的贡献，所以相当于 1 个多人。

当然，关于把人数表示成带小数点的数字，例如 0.5，这里仅用作账面量化数据，不要对这个数字做其他的延伸。

看到这里也许有读者会说，什么人员系数，这不就是出勤率吗？

仔细看看，人员系数不是出勤率。一段时期员工的人员系数计算和员工的出勤率计算有一定的相似之处，但二者并不相同，主要体现在以下 3 点。

（1）在计算某个组织的人员系数时，员工的应出勤天数指的是单个员工的应出勤天数，而不是组织内所有员工的应出勤天数的总和。

（2）计算人员系数时，不需要乘 100%，人员系数不用百分比数据表示，而出勤率是用百分比数据表示的。正常状态下计算某个组织的人员系数时，结果一般是大于 1 的，除非这个组织的人数太少了，或出勤情况太差了，而出勤率总小于等于 100%。

（3）我们可以计算一个员工的人员系数，但一般不用一个员工的人员系数做分析，通常是用整个组织的人员系数做分析。而对于出勤率，我们可以分析一个员工的出勤率，也可以分析某个组织的整体出勤率。

为更好地理解和计算人员系数，来看一个例子。

举例

某月，某部门员工的应出勤天数是 20 天。该部门一共有 3 人，分别是张三、李四和王五。这 3 人在该月的实际出勤天数如表 1-1 所示。

表 1-1　张三、李四、王五在该月的实际出勤天数

姓名	张三	李四	王五
当月实际出勤天数	10	15	20

这时人员系数有 2 种算法。

第 1 种算法如下。

张三当月的人员系数 =10÷20=0.5。

李四当月的人员系数 =15÷20=0.75。

王五当月的人员系数 =20÷20=1。

这个部门当月的人员系数 =0.5+0.75+1=2.25。

第 2 种算法如下。

这个部门当月的人员系数 =（10+15+20）÷20=2.25。

实际上，当我们计算某段时期、某个组织整体的人员系数时，不需要关注在这段时期，这个组织中某一个员工出勤的具体情况，也就是不需要考虑每个员工在出勤方面的特殊情况，只需要把所有员工的出勤时间相加后，除以这段时期每个员工的应出勤时间就可以。

除了运用天数来计算人员系数，也可以运用小时数来计算人员系数。运用小时数计算人员系数的原理与运用天数计算人员系数的原理是一样的，就是把员工实际出勤天数换算成实际出勤小时数，把员工应出勤天数换算成应出勤小时数。

有时候，以小时为单位来计算人员系数比以天为单位计算人员系数更精确，尤其是公司中存在比较多的非全日制员工（小时工），或员工的出勤情况比较零散时，更适合以小时为单位来计算人员系数。

1.1.2　实战案例：人效计算分析示例

来看一个人效计算的案例。某集团公司有 A、B、C、D 共 4 家子公司，这 4 家子公司某月的人效计算与分析如表 1-2 所示。

表 1-2　某集团公司 4 家子公司某月的人效计算与分析

公司	当前人数	上月应出勤天数	上月所有员工实际出勤天数	上月人员系数	上月销售额/万元	上月人效/万元/月	去年同期人员系数	去年同期销售额/万元	去年同期人效/万元/月
A	97	21	1 742	82.95	481.11	5.8	85.82	480.59	5.6
B	79	21	1 576	75.05	412.78	5.5	76.21	411.53	5.4
C	71	21	1 392	66.29	324.82	4.9	64.38	328.34	5.1
D	45	21	969	46.14	221.47	4.8	47.35	217.81	4.6

从表 1-2 的计算结果能够看出，时点人数是整数，但在人效计算与分析中，分析时点人数的意义不大。例如，现在这个时间点，A 公司有 97 人；上个月的某一天，A 公司可能有 102 人（假设数值，未在上表中出现）；上上个月的某一天，A 公司可能有 95 人（假设数值，未在表 1-2 中出现）。

这 3 个数据并不能作为月度人效计算中的人数。这 3 个数据可以用来做比较，但这种比较的意义不大，这种比较甚至都不能说明 A 公司当前人数到底是增加了还是减少了。因为 A 公司可能明天就有 2 个人离职，后天又有 3 个人入职。

然而，比较时段人数（或人员系数）就比较有意义了，我们可以知道上个月这个时段内，到底有多少人给 A 公司创造了价值。

比较上个月的人员系数和上上个月的人员系数，我们能够直观地感受到 A 公司的人数到底是增加了还是减少了。而且通过人员系数，我们还可以推断出 A 公司的人工费用情况（后文探讨）。

有个数据叫“人数的净增加或净减少”，这里的“净”就是指人数是真的增加了还是真的减少了。我们要使用时段人数（人员系数），才能计算出人数的净增加或净减少。

回到这个案例。从这个案例中时段人数的计算结果能够看出，人员系数很可能不是整数，小数点后保留的数字一般不超过 2 位。

人员系数越低，销售额越高，代表该子公司在用人方面的效率越高，也就是人效越高。因此，子公司应当关注人员系数的变化，追求在保证业绩水平的情况下，降低每月的人员系数，而不一定是减小人数的绝对值。

一些没有运用过人员系数的公司，也许难以理解为什么降低每月的人员系数不代表一定要减少人数。我们期望减少人数，往往指的是减少当前在岗的人员数量，而这实际上是不科学的。

例如，有的公司为了提升人效、降低人工成本，开始用小时工。根据我国现行法律法规，小时工平均每天的工作时间不超过 4 小时，每周工作时间累计不超过 24 小时。因此，当公司开始用小时工时，在岗的人员数量可能会比原来的人员数量更多，但通过精细化排班后，人员系数可能降低。这样虽然时点人数增加了，但人员系数降低了，人效提升了，最后的人工成本反而降低了。

另外，对于一些出勤时间比较零散、拥有比较多休假员工的公司来说也是同样的道理。例如有的公司女性员工比较多，很多女性员工处在孕产期。为响应国家鼓励生育的号召，同时又要保障女性职工的权益，这时候如果盲目追求减少在岗人数，很可能反而达不到提升人效的效果。

上例中 A 公司去年同期的销售额为 480.59 万元，上月的销售额为 481.11 万元，销售额并没有显著增长，增幅接近 0.11%（增加销售额 ÷ 去年同期销售额）。但去年同期的人员系数为 85.82，上月的人员系数却降低为 82.95，从而让人效有了较为明显的提升，由去年同期的 5.6 万元／月，增加到 5.8 万元／月，增幅约为 3.6%（增加

人效 ÷ 去年同期人效）。

上例中 C 公司去年同期的销售额为 328.34 万元，上月的销售额为 324.82 万元，销售额并没有显著降低，降幅接近 1.1%（减少销售额 ÷ 去年同期销售额）。但去年同期的人员系数为 64.38，上月的人员系数却提高为 66.29，从而让人效有了较为明显的降低，由去年同期的 5.1 万元 / 月，降低到 4.9 万元 / 月，降幅约为 3.9%（减少人效 ÷ 去年同期人效）。

假如 A、B、C、D 这 4 家子公司所处行业、运营模式和业务类型的相似度比较高，通过这种横向对比，我们能够看出这 4 家子公司在人效管控方面的差距。除了经营业绩，公司还应关注人效的变化，从而判断组织效能是否真正提升。

1.1.3 疑难问题：人效计算常见问题

对于人效的计算，很多读者可能会有疑问，尤其是之前从来没有接触过时段人数（人员系数）概念的读者。笔者总结了在从事管理咨询的过程中常遇见的 3 个比较典型的问题，帮助读者理解、计算和分析人效。

问题 1：人效计算公式中“一段时期产生的效益”该用什么数据呢？

这里没有标准的计算数据，根据情况的不同，一段时期产生的效益可以是销售额、毛利润、利润额或产值等。常见的选择依据有如下 3 种。

（1）公司最看重、最强调的效益类数据。

（2）行业最常用、最常分析的效益类数据。

（3）公司财务报表中最准确、有效、及时的效益类数据。

问题 2：如果遇到周末、节假日加班，要不要把加班的时间也纳入人员系数计算？

这里有 2 种情况。

第 1 种情况是加班为员工自愿进行。公司并不鼓励，也不期望员工加班，但员工为了追求上进，自主加班。员工虽然加班了，但公司后知后觉，并没将员工的加班纳入考勤。这种情况下，员工的加班时间更偏向于不纳入人员系数的计算。当然，这没有绝对意义上的对错。有公司就是想将其纳入人员系数的计算也没问题。

第 2 种情况是加班计入了员工的考勤，那么这个加班时间更偏向于纳入人员系数的计算。把加班时间纳入人员系数的计算时，也有 2 种计算方式。

第 1 种计算方式是按照实际加班的时间来计算，就是员工加班了多长时间，就算多长时间。

第 2 种计算方式是用加班时间对应的加班工资倍数来计算时间，也就是假如员工在工作日加班了 1 小时，那么计算人员系数时可以算 1.5 小时，因为公司支付员工薪酬时，是按照正常薪酬的 1.5 倍支付的。在周末，员工加班 1 小时则计算为 2 小时；在法定节假日，员工加班 1 小时则计算为 3 小时。

这两种计算方式都有一定道理，没有对错之分，主要看公司更愿意选择哪一种。

第 1 种计算方式和时间维度的联系比较紧密，如果公司主要偏向于研究员工的实际总上班时间，可以用这种算法。

第 2 种计算方式与成本、人效的联系比较紧密，如果公司主要偏向于研究员工劳动效率的变化情况，可以用这种算法。

问题 3：计算人员系数时，各类假期应该怎么算？

问这个问题的人应该是没有完全理解人员系数的含义。

在多数情况下，人员系数的计算是不需要考虑假期的，人员系数只和是否出勤有关，和休不休假或休什么假没有关系。什么意思呢？来看一个例子。

例如某月张三出勤了 10 天，然后她就休产假了，她休的产假是法定的，这个月员工的应出勤天数是 20 天，那么张三这个月的人员系数是多少呢？答案就是 10÷20=0.5。下个月，张三休产假还没回来，下个月员工的应出勤天数是 22 天，那么张三在下个月的人员系数是多少呢？答案就是 0÷22=0。

人员系数的计算只和出勤情况有关，员工休所有的假期，不论是法定的还是非法定的，都属于缺勤。我们在计算工资时，可以理解成休法定的假期等同于出勤，按照出勤来计算。但我们在计算人员系数时，更多是要分析在某一时段内，实际为公司创造价值的员工有多少，所以只看实际出勤情况就可以了。

员工实际出勤了，才是为公司创造了价值。不论因为什么未出勤，都是没有创造价值，在计算人员系数时就不需要考虑。

这个问题可以延伸一下，当公司实际上休产假、年假、事假或病假的员工比较多时，会出现一种什么情况呢？

我们会发现公司的实际在册人数比较多，但人员系数比较低。例如某公司某个时间点的实际在册人数可能有 500 人，该公司某月的人员系数当然是越接近 500 越好，因为这代表公司人力资源的使用效率比较高。但实际算完之后，发现公司某月的人员系数只有 400。如果不是员工的离职率特别高导致了这种人员系数和实际在册人数差距比较大的异常，一般来说就是因为公司有大量处在休假状态的员工。这也可以作为对公司员工出勤异常情况的某种预警。

1.2 摆正理念：提升人效的正确认知

提升人效是一项系统工程，很难通过几个简单的动作轻易完成。要有效提升人效，就要对人效有正确的认知。从正确的环节入手提升人效，才可以有效提升组织效能。

1.2.1 增益改善：提升人效的 6 个角度

要想有效提升人效，组织可以从如下角度入手。

1. 从人效相关数据分析的角度

管理学专家彼得·德鲁克（Peter Drucker）说："只有可测量的才能够被有效管理。"随着竞争激烈的市场环境对管理的要求不断提高，人力资源管理者如果不懂量化管理和数据分析，必然会给组织效能的提升带来许多障碍。数据分析可以帮助组织实施精细化的人效管理、改善和提升。

2. 从人工成本与岗位编制测算的角度

人工成本是组织中所有人力资源成本的简称，指的是组织在一段时间内，在生产经营和提供劳务的活动中，为了获得、开发、使用和保留所需要的人力资源所产生的所有直接或间接费用的总和。分析和管控人工成本，并做好组织岗位编制的管控，能够从财务费用的角度管控人工成本，有效提升人效。

3. 从人力资源预测与规划的角度

提升人效的最终目标是提高组织效能。要提高组织效能，就免不了要从组织顶层设计的角度入手。在人力资源管理的顶层设计方面，人力资源预测与规划都是重要的管理环节，从这两个环节入手，可以在顶层设计方面做好人效提升。

4. 从岗位分析与岗位价值评估的角度

组织设立岗位的目的是什么？期望岗位人员达到的目标是什么？岗位人员能够为组织创造的价值是什么？对于这些看似简单的问题，组织应当能够给出明确的答案，但很多组织并不能给出相应的回答，更谈不上答案正确与否。正确设置岗位，让正确的人在正确的位置上发挥最大的价值，能够有效提升人效。

5. 从人才盘点与人才梯队建设的角度

根据幂次法则，很多组织是由 20% 的优秀人才创造 80% 的价值，80% 的普通人才创造剩下 20% 的价值。假如组织可以识别出 20% 的优秀人才，给这些人才更高的回报，他们往往能够为组织创造更高的价值。人才盘点可以帮助组织发现高价值人才。人才盘点后的人才梯队建设，可以帮助组织搭建人才梯队，避免核心人才流失造成的损失。

6. 从人才激励与资源盘活善用的角度

一个充满干劲的人才往往能够为组织创造更高的价值，人才激励正是为员工"充电"的有效方式，让员工可以以积极向上的心态面对工作，从而产生更高的效能，创造更高的价值，提升人效。除激励人才外，合理用人同样是提升人效的有效方式。

以上 6 个角度正是本书的主要内容，从第 2 章开始，每一章会重点介绍从一个角度展开操作的具体内容。

1.2.2 投资回报：避免掉入成本的误区

在提升人效方面，有个经典的认知误区，很多人觉得提升人效就是要管控人工成本，于是通过各种简单粗暴的操作来尝试提升人效，例如在不经论证的情况下通过减少编制或裁员等方式降低人工成本。

实际上，提升人效可能是一门花钱的艺术，而不是一门省钱的艺术；是一个考虑投入与回报关系的价值投资过程，而不是一个斤斤计较的市井买卖过程。

如果组织只会用省钱的理念来提升人效，最后很可能会走上折损员工利益，最终折损组织利益的道路，形成恶性循环；如果组织按照价值投资的理念来提升人效，有可能实现组织和员工的双赢，形成良性循环。

实际上，就算是管控人工成本，其最终目的也不是减少人工成本的“总额”，而是管控人工成本的“比率”。这里的比率主要有 2 方面的含义：一方面指的是人工成本与销售收入的比率，也就是人工成本费用率；另一方面指的是人工成本占总成本的比率。

某时期人工成本费用率 = 某时期人工成本总额 ÷ 某时期销售收入 ×100%。

某时期人工成本占总成本的比率 = 某时期人工成本总额 ÷ 某时期总成本额 ×100%。

管控人工成本的比率体现的是提高组织对人力资源的投资收益率的理念。按照这个理念，组织要做的不一定是减少人工成本的总额（投入），反而有可能是增加人工成本的总额（投入），来提高组织的销售额、市场规模或利润（收益）。

要提高这种投资收益率，就应当管控人工成本与销售收入的比及人工成本占总成本的比率。也就是说，人工成本与销售收入的比率及人工成本占总成本的比率维持不变或有所降低时，组织的人力资源投资收益能力增强，经营管理效率提高。

例如某公司有 200 名员工，这家公司每年的销售收入是 2 亿元，当前的人工成本总额是 5 000 万元。按照投资收益率的理念，可以理解为这家公司投入了 5 000 万元的人工成本，换来了 2 亿元的销售收入。人工成本和销售收入的是 1:4，也就是每投入 1 元的人工成本，可以获得 4 元的销售收入。

这家公司如果要有效地管控人工成本，不应该只聚焦于如何减少每年的 5 000 万元人工成本总额，还应该聚焦于提高投资收益率，也就是考虑有没有可能在投入 1 元人工成本的情况下，获得大于 4 元的销售收入。

如果这家公司投入 6 000 万元（比原来增加 1 000 万元）的人工成本，有没有可能产生超过 2.4 亿元（比原来增加 4 000 万元）的销售收入？如果可能，那说明人工成本和销售收入的投资收益率有所提高，代表人力资源的管理效率有所提高。这时候虽然人工成本的总额增加了，但组织对人工成本的管控是成功的。

组织在人力资源管理方面的效率提高同样体现在人效的提升上。

假设某时期人效 = 某时期的销售收入 ÷ 某时期创造该销售收入的人员数量。

要提高人效，首先可以增加相同人力资源创造的价值（销售收入），其次可以在创造相同价值的情况下，管控人力资源的数量。

例如上例中的公司，如果保持 200 名员工不变，公司的人工成本增加到了 6 000 万元，公司的销售收入变为 2.5 亿元。

公司原来每年的人效 =2（亿元）÷200（人）=0.01（亿元 / 人）=100（万元 / 人）。

公司现在每年的人效 =2.5（亿元）÷200（人）=0.012 5（亿元 / 人）=125（万元 / 人）。

公司现在每年的人效高于公司原来每年的人效，这同样说明公司的人工成本总额虽然增加了，但人力资源管理的效率提高了。

1.2.3 组织效能：提升人效的最终目的

提升人效的最终目的是什么？是让人才能力越来越强吗？是让人才绩效越来越好吗？人才的能力和绩效固然重要，但组织层面的需求更重要。提升人效的最终目的是提高组织效能（Organizational Effectiveness）。

组织效能不同于组织能力（Organizational Ability）。组织能力是组织能够提供某种产品或服务的能力，是组织效能包含的要素之一。被称为“现代管理学之父”的彼得·德鲁克提出，组织效能就是组织选择合适的目标并实现目标的能力，也可以理解为组织实现目标的程度。

组织效能主要体现在组织的能力、效率、质量和效益 4 个方面。

能力指的是组织运行的基础和潜力，是组织能够达成的状态，包括了组织拥有的资本、工具、技术、人才等要素。

效率指的是组织完成某个目标需要的单位时间，人效正是一种效率。提高效率是每个组织天然需要努力的方向。

质量指的是组织提供的产品或服务能够满足客户需求的程度，是组织区别于竞争对手的价值。

效益指的是组织产生的价值或附加值，是组织运营后的产出，是组织能够存续的物质基础，包括组织的销售额、利润额等。

1. 如何衡量组织效能呢？

1965 年，美国经济学家、管理学家、社会心理学家斯坦利·西肖尔（Stanley Seashore）提出了组织效能的评价标准。虽然西肖尔当时提出的标准在今天看来并不具有通用性，但他提出评价组织效能指标的重要次序、逻辑秩序和各类指标之间的相关性是非常具有现实意义和重要价值的。

例如，组织期望市场规模不断扩大，期望获得最大利润，期望减少财务风险，期望给股东和投资人创造更高的效益，期望员工满意，期望获得良好的社会声誉，期望受到社会大众的尊敬。然而组织期望所有目标都达到最大水平是不现实的，因为有些目标天然是存在冲突的。因此，对组织效能的评价应实施综合全面的考量。

西肖尔认为，评价组织效能要考虑达成目标的目的和完成目标的条件，要考虑目标的时间属性是趋于短期或长期，要考虑相关指标是客观指标或主观指标，要考虑目标对组织的价值水平。

2. 组织效能具体跟哪些指标相关呢?

1954 年，德鲁克提出评价组织效能可以从 8 个方面入手，分别是市场状况、创新情况、生产效率、物质材料和财务状况、利润率、管理人员的工作和责任、员工的工作情况和士气、社会公共责任。

1977 年，美国管理学家约翰·坎贝尔（John Campbell）列出了 30 个常被用来评价组织效能的指标，分别是总体效能、生产率、效率、利润、质量、事故发生率、增长性、旷工率、员工流失率、工作满足感、动机、士气、控制、冲突与团结、弹性与适应力、计划与目标设定、目标的一致性、组织目标的内化、角色与规范融合、人际关系技巧、任务管理技能、信息管理与沟通、准备状态、利用环境的能力、外部实体的评价、稳定性、人力资源价值、参与及影响力分享、培训和发展的重视、崇尚成就。

德鲁克和坎贝尔提出的这些指标并不是按照重要性排序的，他们也没有给出关于这些指标重要性的排序参考。实际上，不同的组织因为主营业务、运营模式、所处阶段和决策风格等的不同，评价组织效能的标准也是有所不同的，需要视具体情况而定。但不论从哪一种评价标准都可以看出，提升人效与提高组织效能息息相关。德鲁克有句名言："经理人的工作就是追求效率。"他曾表示，未来组织面临的最大挑战，是如何持续提高员工的劳动效率。这一挑战可能是未来很长一段时间的重要经营研究课题之一，而且其结果可能成为影响组织竞争结果的重要因素。

1.3 关联数据：人工成本计算与分析方法

虽然提升人效不能简单地通过降低人工成本来实现，但人效与人工成本之间是存在一定关联的，合理管控人工成本能在一定程度上提升人效。要有效管控人工成本，首先要了解各类人工成本相关指标的含义，明确组织经营上的盈亏平衡点，在此基础上测算出人工成本的区间，并结合外部情况，做出组织当前人工成本状况的优劣判断。

1.3.1 常用指标：人工成本这样计算

常用的人工成本分析相关指标包括额度指标和比率指标。额度指标除了包括人工成本总金额和人工成本各组成要素的金额，还包括人均人工成本额、单位时间人工成本额、单位产品人工成本额等；比率指标包括人工成本费用率、人工成本占总成本的比率等。

1. 人均人工成本额

人均人工成本额指的是将组织一段时期内全部的人力资源成本平均分配到每名员工身上后，每名员工的人工成本额。人均人工成本额反映的是组织在某时期内，每聘用一名员工需要负担的人工成本水平。

某时期人均人工成本额 = 某时期人工成本总额 ÷ 某时期平均从业人数。

除人均人工成本额外，还可以计算人工成本的其他组成要素的人均分摊额，例如人均人力资源开发成本、人均人力资源使用成本等，计算原理和人均人工成本额相同。

某时期人均人力资源开发成本 = 某时期人力资源开发成本总额 ÷ 某时期平均从业人数。

某时期人均人力资源使用成本 = 某时期人力资源使用成本总额 ÷ 某时期平均从业人数。

2. 单位时间人工成本额

单位时间人工成本额指的是将组织一段时期内全部的人力资源成本平均分配到每个单位时间上之后，每个单位时间的人工成本额。常用的单位时间可以是小时或天。单位时间人工成本额可以用于计算组织单位时间人工成本额，也可以用于计算人均单位时间人工成本额。

某时期组织单位时间人工成本额 = 某时期人工成本总额 ÷ 该时期单位时间的份数。

某时期人均单位时间人工成本额 = 某时期人工成本总额 ÷ 某时期平均从业人数 ÷ 该时期单位时间的份数。

例如，计算某组织某月每小时人工成本额的公式如下。

某月组织每小时人工成本额 = 该月人工成本总额 ÷ 该月员工出勤小时数。

例如，计算某组织某月人均每小时人工成本额的公式如下。

某月人均每小时人工成本额 = 该月人工成本总额 ÷ 该月平均从业人数 ÷ 该月员

工出勤小时数。

3. 单位产品人工成本额

单位产品人工成本额指的是将组织一段时期内全部的人力资源成本平均分配到每个产品之后，每个产品的人工成本额。

某时期单位产品人工成本额 = 某时期人工成本总额 ÷ 该时期完成的产品件数。

上述公式不仅可以计算产成品的单位产品人工成本额，也可以计算半成品的单位产品人工成本额。

4. 人工成本费用率

人工成本费用率是衡量人工成本投入和收益水平的指标，也是衡量组织人工成本相对水平的重要指标。

某时期人工成本费用率 = 某时期人工成本总额 ÷ 某时期销售收入 ×100%。

大多数组织比较关注销售收入（营业收入），有的组织也会关注增加值，这时候也可以用类似逻辑计算人力资源成本与增加值的比率，这个指标有时候也被称为劳动分配率。

增加值指的是组织在一段时期内从事生产经营活动或者提供服务而新创造出来的价值，是组织必须统计并且上报给统计部门用来汇总计算国内生产总值（Gross Domestic product，GDP）和国民生产总值（Gross National Product，GNP）的基础数据。

人力资源成本是组织为了取得新创造的价值必须付出的代价，同时也是组织将一部分新创造的价值以直接或间接的方式在员工（人力资源）方面体现的全部支出。

某时期人力资源成本与增加值的比率 = 某时期人工成本总额 ÷ 某时期增加值 ×100%。

5. 人工成本占总成本的比率

人工成本占总成本的比率指的是人工成本在总成本中的占比情况。这个指标能够反映组织在某段时期的经营管理活动结束后，在人力资源方面付出的代价与经营管理活动付出的总体代价之间的关系。

某时期人工成本占总成本的比率 = 某时期人工成本总额 ÷ 某时期总成本额 ×100%。

注意，人工成本占总成本的比率不应该被单独使用，不能根据其数值高低直接判断组织人力资源管理水平的高低，也不能根据其数值高低直接判断组织人力资源管理质量的好坏。

如果组织在维持人工成本总额不变的情况下，采取手段使其他成本有所降低，获得了更多的经济效益，这时候人工成本占总成本的比率会有所上升，可以表明组织在管控其他成本方面的管理水平有所提高，但并不代表组织在管控人工成本方面的质量变差。

如果组织对人工成本的管控能力较差，使人工成本不断增加，而且组织对其他成本的管控能力同样较差，其他成本比人工成本增加的额度还大，这时候人工成本占总成本的比率会有所降低，但不代表组织在管控人工成本方面的质量较好。

1.3.2 盈亏平衡：组织经营成本分析

组织要正常有序地经营，需要具备一定的盈利能力。一般来说，当组织的销售收入或产品销量达到某个点的时候，组织将会盈利；当组织的销售收入或产品销量低于某个点的时候，组织将会亏损。这里的某个点叫作盈亏平衡点。

组织的盈亏平衡点示意图如图 1-1 所示。

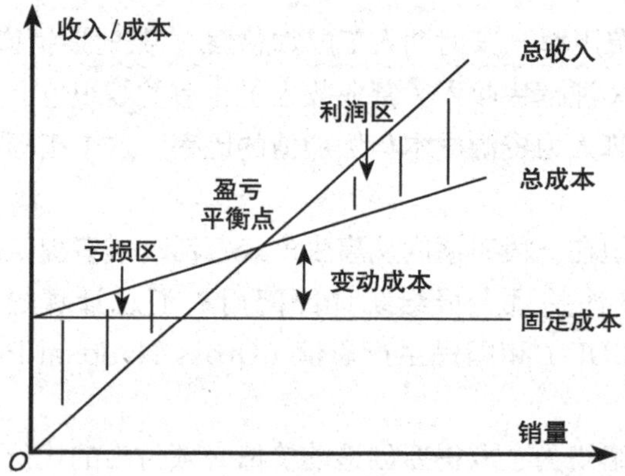

图 1-1 组织的盈亏平衡点示意图

组织经营会产生一部分固定成本，如租金、折旧、管理费等，固定成本只要组织在经营就会存在。

除了固定成本，组织还会有部分变动成本。随着组织的持续经营、产品和服务的不断输出，变动成本会随着总收入的不断增加而增加。变动成本和固定成本的总和，构成了组织经营的总成本。

一般在正常经营的组织中，随着产品销量或提供服务数量的不断增加，总收入的增长速度会大于总成本的增长速度，形成两条斜率不同的直线。这两条直线的相交点就是盈亏平衡点。

以盈亏平衡点为界，当销售收入高于盈亏平衡点时，组织将会盈利；反之，当销售收入低于盈亏平衡点时，组织将会亏损。盈亏平衡点可以用销售收入来表示，也可以用销量来表示。

盈亏平衡点的销售收入 = 固定成本 + 变动成本。

例如某公司产品的单价是 100 元，生产每件产品的人工成本为 30 元，其他成本为 20 元，该公司每月的固定成本为 20 万元，该公司每月产品盈亏平衡点处的销量和销售收入分别是多少呢?

100× 盈亏平衡点销量 =200 000+（30+20）× 盈亏平衡点销量。

盈亏平衡点销量 =4 000（件）。

盈亏平衡点销售收入 =4 000×100=400 000（元）。

1.3.3 成本区间：人工成本区间测算

根据对人工成本常用指标的理解和对公司的盈亏平衡分析，对人工成本区间的测算可以参考图 1-2。

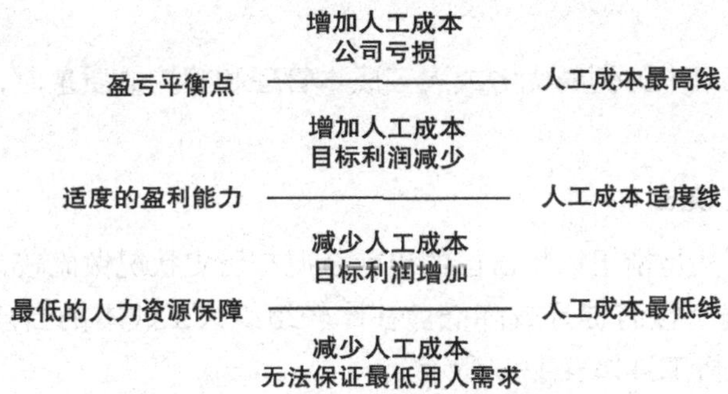

图 1-2 人工成本区间测算示意图

根据公司的盈亏平衡点、适度的盈利能力和最低的人力资源保障，公司的人工成本一般可以分成 3 条线、4 个区间。

要保证正常运转，公司对人力资源有数量上的最低要求，形成人工成本最低线。当人工成本低于人工成本最低线时，公司无法获得正常运转需要的人力资源，不能正常经营。

最低人工成本额 = 人均人工成本额 × 公司最低人数。

最低人工成本费用率 =（人均人工成本额 × 公司最低人数）÷ 预期销售收入 ×100%。

当公司正常经营时，根据公司战略，公司会有预期的目标利润额或目标利润率。

适度人工成本额 = 预期销售收入 ×（1 − 目标利润率）− 预期其他成本。

适度人工成本费用率 = 适度人工成本额 ÷（适度人工成本额 + 预期其他成本 + 目标利润额）×100%。

当公司的人工成本高于最低水平，低于适度水平时，如果减少人工成本，公司的目标利润将会增加；当公司的人工成本高于适度水平，低于最高水平时，如果增加人工成本，公司的目标利润将会减少。

公司的人工成本最高线，代表公司达到盈亏平衡点。当公司的人工成本高于最高线时，公司将会出现亏损。

最高人工成本额 = 盈亏平衡点的销售收入 – 预期其他成本。

最高人工成本费用率 = 最高人工成本额 ÷（最高人工成本额 + 预期其他成本）× 100%= 人工成本占总成本的比率。

需要注意，这里对人工成本最低线、适度线和最高线的计算适用于一般正常经营和盈利的公司。有的公司本身已经处于连续亏损状态，这时候计算的人工成本最高线可能会低于人工成本最低线。针对这类公司，如果为了保证正常经营，应当参考人工成本最低线标准；如果有进一步的预期和发展，应当参考人工成本适度线标准。

1.3.4　优劣判断：人工成本质量评判

我们判断人工成本比例的优劣或人工成本管理和管控的质量时，有多种方法，常见的有如下 3 种。

1. 历史状况比较法

历史状况比较法是指组织将自己的当前状况与历史状况做比较，衡量自身的人力资源成本管控质量有没有提升或降低。在比较组织人工成本的当前状况与历史状况时，可以使用的表格工具如表 1–3 所示。

表 1–3　组织人工成本的当前状况与历史状况比较样表

比较项目	第 *N*–3 年	第 *N*–2 年	第 *N*–1 年	第 *N* 年
人均人工成本额				
单位时间人工成本额				
单位产品人工成本额				
人工成本费用率				
人工成本占总成本的比率				
人效				

2. 同类行业比较法

同类行业比较法是指组织和同行业的其他组织（标杆、竞争对手、典型组织等）进行比较，从而判断本组织的人力资源成本管控质量。在使用同类行业比较法时，可以使用的表格工具如表 1–4 所示。

表 1–4　同类行业人工成本状况比较样表

比较项目	本组织	A 组织	B 组织	C 组织
人均人工成本额				
单位时间人工成本额				

续表

比较项目	本组织	A 组织	B 组织	C 组织
单位产品人工成本额				
人工成本费用率				
人工成本占总成本的比率				
人效				

3. 目标利润法

目标利润法是指组织根据目标利润的达标率来判断人工成本的管控质量。这种方法适合经营状况比较稳定，市场比较稳定，营业收入不存在大起大落，其他成本相对比较固定的组织。这时候组织能否达成目标利润，人工成本的管控质量是重要的决定因素。

目标利润达标率 = 实际利润 ÷ 目标利润 ×100%。

当目标利润达标率大于 100% 时，说明人工成本管控比较成功；当目标利润达标率小于 100% 时，说明人工成本管控不成功。

注意，对于一些营业收入存在大起大落情况的组织，或者对于其他成本的管控存在较大改善空间的组织，即使组织对目标利润非常重视，也不适合利用目标利润法来判断人工成本的管控质量。

第2章
人效相关数据分析

数据能够帮助我们了解人效状况，对数据进行分析有助于提升人效。常见的人效相关数据分析包括对薪酬的分析、对绩效的分析和直接针对人效改进的分析，本章主要通过案例来展示这3类相关分析过程。不同公司使用的人效相关数据分析方法虽有不同，但基本逻辑是类似的。

2.1 薪酬分析：人力资源投资回报状况

薪酬是组织为员工付出的直接成本。公司对薪酬情况的分析主要包括每月薪酬情况分析、人均工资情况分析、人工费用情况分析及费用比率情况分析。

2.1.1 每月薪酬：薪酬发放情况分析

每月薪酬发放情况分析是薪酬分析中最基本的内容。在每月薪酬发放情况分析中，比较重要的 3 类信息分别是实发工资金额、实发工资人数和人均工资。通过对这些信息做同比或环比的分析，公司能够看出每月薪酬发放情况的变化。

每月薪酬发放情况分析如表 2-1 所示。

表 2-1　每月薪酬发放情况分析

公司	实发工资 / 元					实发工资人数					人均工资 / 元 / 人				
	20X2 年 11 月	20X2 年 10 月	环比	20X1 年 11 月	同比	20X2 年 11 月	20X2 年 10 月	环比	20X1 年 11 月	同比	20X2 年 11 月	20X2 年 10 月	环比	20X1 年 11 月	同比
A	1 203 761	1 180 276	1.99%	953 505	26.25%	343	321	6.85%	306	12.09%	3 510	3 677	−4.54%	3 116	12.64%
B	2 205 375	2 206 236	−0.04%	2 145 323	2.8%	624	580	7.59%	603	3%	3 534	3 804	−7.10%	3 558	−0.67%
C	641 565	675 082	−4.96%	586 619	9.37%	159	161	−1.24%	161	−1.24%	4 035	4 193	−3.77%	3 644	10.73%

根据表 2-1 中的数据，能够看出月度实发工资和实发工资人数环比或同比的增长或下降情况。例如 B 公司实发工资环比下降是因为 11 月的薪酬已经不包含高温补贴，而且新增的员工本月出勤比较少，即使有国庆节的加班工资，仍然导致员工人数增长实发工资环比反而下降了 0.04%。

对于一个经营平稳的公司来说，由于节假日天数的不同和一些法定津贴发放时限规定的不同，每月的薪酬发放情况会随月份的变化而出现一定的变化，但这种变化的幅度一般不会太大。如果有环比超过 10% 的薪酬变化情况，尤其是出现 10% 的增加时，公司就应当注意。

每月薪酬发放情况与同比数据的变化情况除了与员工人数的变化有关，还与员工薪酬的变化有关。在不同的分公司，实发工资的同比情况、实发工资人数的同比情况和人均工资的同比情况之间的比较能够反映出公司的经营管理情况。

A 公司的实发工资人数与去年同期相比增长了 12.09%，人均工资与去年同期相比增长了 12.64%，这直接导致 A 公司实发工资与去年同期相比增长了 26.25%。这说明 A 公司提高了员工的薪酬水平、增加了员工人数，造成了薪酬支出的较高增长。下一步，应当分析 A 公司薪酬支出的增长有没有换来业绩的相应提升。

B 公司的实发工资人数与去年同期相比增长了 3%，人均工资与去年同期相比却下降了 0.67%，导致实发工资与去年同期相比增长了 2.8%。这说明 B 公司没有提高员工的薪酬水平，小幅度增加了员工人数，造成薪酬支出小幅度增长。不提高员工的薪酬水平能够有效控制成本，但可能会降低员工的工作积极性。

C 公司的实发工资人数与去年同期相比下降了 1.24%，人均工资与去年同期相比增长了 10.73%，导致实发工资与去年同期相比增长了 9.37%。这说明 C 公司提高了员工的薪酬水平，但没有增加员工人数，造成薪酬支出有所增长。当公司有序经营、利润平稳增长时，每年适度提高员工的薪酬水平，有助于鼓舞员工的士气和提高劳动效率。

假如，A、B、C 这 3 家公司当前的经营业绩与去年同期相比平稳保持在增长 10% 的水平，在不考虑其他因素的情况下，从薪酬发放情况的分析看，C 公司是相对“最健康”的，A 公司和 B 公司都比较“不健康”。

公司对每月薪酬发放情况的分析还包括五险一金缴纳情况分析。五险一金指的是 5 类社会保险（养老保险、医疗保险、失业保险、工伤保险、生育保险）和住房公积金。它是一种国家法定福利，公司应及时、足额为员工缴纳五险一金。五险一金的变化情况一般与政策的变化、员工人数的变化、员工薪酬水平的变化、公司制度的变化等因素有关。

每月五险一金缴纳情况分析如表 2-2 所示。

表 2-2　每月五险一金缴纳情况分析

公司	20X2 年 11 月缴纳额 / 元			20X2 年 10 月缴纳额 / 元			环比 / %			20X1 年 11 月缴纳额 / 元			同比比 / %		
	五险	住房公积金	合计	五险	住房公积金	合计	五险	住房公积金	合计	五险	住房公积金	合计	五险	住房公积金	合计
A	531 991.43	197 200.48	729 191.91	532 281.10	197 262.88	729 543.98	-0.05	0.05	0.05	458 315.59	188 872.48	647 188.07	16.08	4.41	12.67
B	709 248.98	260 824.00	970 072.98	671 564.24	247 137.60	918 701.84	5.61	5.54	5.59	628 776.35	252 588.80	881 365.15	12.80	3.26	10.06
C	198 476.77	72 068.80	270 545.57	198 476.77	72 068.80	270 545.57	0.00	0.00	0.00	182 597.49	72 294.40	254 891.89	8.70	0.31	6.14

公司对每月五险一金缴纳情况进行分析的主要目的是发现异常，而不是努力减少这部分支出。节省人工成本的方式有很多，鉴于五险一金的法定属性，公司不应考虑减少缴纳员工的五险一金。

2.1.2　人均工资：员工收入情况分析

在对每月薪酬发放情况的分析中，其中有一项重要的内容是人均工资。人均工资的变化情况可以与销售额的变化情况和人效的变化情况做比较，通过这种比较，我们能够看出哪些公司的人均工资数据存在问题。

人均工资增长情况分析如表 2-3 所示。

表 2-3　人均工资增长情况分析

公司	当前人数	去年人数	人均基本工资同比增长	人均效益提成同比增长	人均应发工资同比增长	人均实发工资同比增长	销售额同比增长	人效同比增长
A	2 795	1 999	15.79%	39.49%	18.41%	17.40%	49.36%	6.82%
B	1 182	1 087	21.37%	−7.73%	17.74%	15.37%	−2.74%	−10.56%
C	270	259	25.35%	−49.06%	11.22%	18.88%	−24.27%	−27.36%
D	3 245	3 816	18.73%	−13.16%	12.81%	11.71%	−7.45%	8.84%

从表 2-3 中的数据能够看出， A、B、C、D 这 4 个公司人均基本工资的增长幅度是不同的。基本工资有所增长，代表着员工的无责任底薪有所增长。无责任底薪的增长是一把双刃剑，它一方面能够给员工带来安全感，另一方面让员工付出更少的努力就能够获得比原来更多的薪酬，可能对激励员工起到反作用。

人均效益提成的变化与公司的效益提成制度和业绩有关系。表 2-3 中公司的效益提成制度规定了效益提成与销售额相关。所以在表 2-3 中，人均效益提成的增长与销售额的增长存在一定的相关性。人均应发工资和人均实发工资的差异主要来自员工薪酬中各类扣项（五险一金、个人所得税等）的差异。

在理想状态下，公司在增加员工的人均实发工资后，期望能够换来业绩的增长和人效的提升。然而，实际情况却不一定如公司所愿。通过对人均工资与销售额、人效的同比变化情况进行分析，公司能够快速发现问题，及时采取行动。

在 A 公司中，人均实发工资同比增长 17.40%，销售额同比增长 49.36%，超过人均实发工资的增长比率，这是比较理想的状态，也是公司希望看到的。虽然当前人数比去年同期人数增长较多，但最终人效依然同比增长 6.82%。A 公司的这种人均工资与销售额、人效同比增长的结构整体上是比较健康的，是表 2-3 中 4 个公司中最优秀的。

在 B 公司中，人均实发工资同比增长 15.37%，但销售额同比下降了 2.74%，这说明人均工资的增加并没有换来业绩的增长。同时，B 的当前人数与去年同期相比有所增长，加上销售额的下降，造成人效同比下降 10.56%。B 公司的这种人均工资与销售额、人效同比增长的结构很不健康。

在 C 公司中，人均实发工资同比增长 18.88%，但销售额同比下降了 24.27%，同样说明人均工资的增加并没有换来业绩的增长。同时，C 公司的当前人数与去年同期相比有所增长，加上销售额的下降，造成人效同比下降 27.36%。C 公司的这种人均工资与销售额、人效同比增长的结构非常不健康。

在 D 公司中，人均实发工资同比增长 11.71%，销售额同比下降了 7.45%，同样说明人均工资的增加并没有换来业绩的增长。但因为D公司的当前人数与去年同期相比有比较大幅度的下降，所以造成人效同比增长了8.84%。D公司的这种人均工资与销售额、人效同比增长的结构和B公司与C公司的相比相对比较优秀，但D公司仍然要注意提高业绩。

2.1.3　人工费用：公司人工成本分析

人工费用不是工资的总和，它是组织中所有人力资源相关费用在财务上的体现，包括基础工资、效益工资、加班工资、各类补贴、各类福利费、社会保险费、住房公积金、工会经费、职工教育经费及其他与组织用人相关的费用。

通过分析每月薪酬发放情况和人均工资，公司能够了解为员工发放的工资金额，结合薪酬调研的数据，可以判断员工的薪酬水平在市场上处在什么位置；通过分析人工费用的情况，公司能够了解因为用人，实际上为员工支付了多少财务成本，结合公司当前的财务状况，可以判断在财务成本上，应提高或适当缩减为员工的付出。

人工费用情况分析如表2-4所示。

表2-4　某公司人工费用情况分析

项目	20X2年1~6月人工费用/万元	20X2年1~6月各项人工费用占比	20X2年1~6月月均人数	20X2年1~6月月人均人工费用/元	20X1年1~6月人工费用/万元	20X1年1~6月各项人工费用占比	20X1年1~6月月均人数	20X1年1~6月月人均人工费用/元	1~6月月人均人工费用同比增长
基础工资	36 572	56%	18 571	2 188	28 987	68%	16 628	1 937	13.0%
效益工资	6 023	9%	18 571	360	5 424	13%	16 628	362	-0.6%
加班工资	2 404	4%	18 571	144	1 795	4%	16 628	120	19.9%
各类补贴	1 598	2%	18 571	96	1 199	3%	16 628	80	19.3%
各类福利费	2 431	4%	18 571	145	2 016	5%	16 628	135	8.0%
社会保险费	10 857	17%	18 571	650	8 601	20%	16 628	575	13.0%
住房公积金	2 543	4%	18 571	152	1 897	4%	16 628	127	20.0%
工会经费	1 771	3%	18 571	106	1 426	3%	16 628	95	11.2%
职工教育经费	562	1%	18 571	34	364	1%	16 628	24	38.2%
其他人工费	62	0%	18 571	4	45	0%	16 628	3	23.4%
人工费用合计	64 823	100%	18 571	3 878	42 847	100%	16 628	3 458	12.1%

从表 2-4 中的数据能够看出人工费用各项组成要素的占比情况。在 20×2 年 1 ~ 6 月，该公司的基础工资仅占人工费用总和的 56%，也就是说，当该公司每月为员工支付 56 元的基本工资时，实际需要承担的人工费用为 100 元。

月人均人工费用与月人均工资不同，它可以真实反映公司平均雇用一名员工需要付出的财务成本。公司计划增加或减少员工人数时，主要应参考的数据是月人均人工费用。

通过了解月人均人工费用与同期相比的变化情况，公司能够判断人工费用的变化趋势。通过了解人工费用各项组成要素的同比变化情况，公司能够判断人工费用的变化主要体现在哪些项目上。对与同期相比变化比较大的项目，公司应分析原因，做好管控。

人工费用中的职工教育经费关系到员工的培训与发展，在经营业绩平稳的情况下，公司不应对其过分管控。如果公司发展比较快，未来需要大批人才支持，这部分费用不但不应减少，反而应当有所增加。

在对人工费用各项组成要素的管控和分析中，基础工资、效益工资、加班工资、各类补贴、各类福利费这 5 个项目是公司应当重点关注的。假如公司强调绩效导向，追求快速发展，在管控人工费用时，思路就应是减小基础工资的占比，增大效益工资的占比，控制加班工资和各类补贴的占比，对业绩优秀的员工增大各类福利费的占比。

从表 2-4 中各项人工费用占比与去年同期相比的变化情况来看，效益工资的占比减小是公司不希望看到的。当然，这种情况的出现与公司的效益工资提成制度有一定关系。公司的销售工资提成制度不仅与销售额的增长有关，还与销售预算达成情况有关。所以，宏观上单纯看到效益工资占比减小并不能说明问题，还需要做更微观的分析。

人工费用与去年同期相比有所增长不一定是坏事。与人均工资的分析逻辑类似，单纯看人工费用与去年同期相比有所增长也许能够说明财务成本有所增加，但如果引入销售业绩的变化和劳动效率的变化，当销售业绩的增长率超过人工费用的增长率，同时劳动效率有所提高时，对公司来说人工费用的增长应当是能够接受的。

2.1.4 费用比率：投资回报情况分析

人工费用比率既可以表示一种费用率，也可以表示一种投资回报率。10% 的人工费用比率既可以表示组织产生 100 元的营业额需要 10 元的人工费用投入，也可以表示组织投入 10 元的人工费用能够换来 100 元的营业额。

对人工费用比率进行分析，能够看出公司人力资本的投资回报率高低。人工费用比率越低，代表人力资本的投资回报率越高；人工费用比率越高，代表人力资本的投资回报率越低。

在不同的行业、不同的公司，人工费用比率的大小呈现出不同的特点。一般来说，技术密集型行业的人工费用比率 > 劳动密集型行业的人工费用比率 > 资金密集型行业的人工费用比率；初创期和衰退期公司的人工费用比率 > 发展期公司的人工费用比率 > 成熟期公司的人工费用比率。

在相同行业，大规模公司的人工费用比率 > 小规模公司的人工费用比率；业绩优异公司的人工费用比率 > 业绩较差公司的人工费用比率。

人工费用比率情况分析如表 2-5 所示。

表 2-5 人工费用比率情况分析

公司	1～6月销售额/万元	1～6月销售额同比增长	1～6月本期人工费用/万元	1～6月人工费用同比增长	1～6月人工费用比率	1～6月人工费用比率同比增长	1～6月人数	1～6月人数同比增长
A	271 415	10.08%	15 796	24.71%	5.82%	0.76%	6 005	24.57%
B	221 001	21.92%	18 607	33.79%	8.42%	0.88%	6 753	25.52%
C	113 641	29.19%	8 269	34.76%	7.28%	0.48%	3 249	22.57%
D	17 820	103.68%	1760	85.38%	9.88%	−0.34%	760	56.88%

从表 2-5 中的数据能够看出，虽然在 1～6 月 A、B、C、D 这 4 个公司的人数同比都有所增长，但 D 公司的销售额同比增长率大于人工费用同比增长率，而且人工费用比率同比有所下降，代表在人工费用方面的投资回报率有所提高，是公司期望见到的；A 公司、B 公司和 C 公司的销售额同比增长率小于人工费用同比增长率，而且人工费用比率同比都有所提高，是公司不期望见到的。

人工费用比率同比提高并不一定意味着公司在人力资源管理方面的失败，随着消费价格指数（Consumer Price Index，CPI）的增长，公司每年都面临为员工涨薪的压力，这就造成了在人数不减少的情况下，公司的人工费用有逐年增长的趋势。

市场竞争越来越激烈，公司的人工成本增加会带来各类生产资料的成本增加，这将进一步压缩公司的利润空间。所以就算公司维持现在的发展态势，人工费用比率本身就有逐渐提高的趋势。公司能维持住人工费用比率已经是一种进步，如果还能使其有所下降，通常代表着经营业绩的大幅增长或人力资源管理能力的较大改善。这也正迎合了常用来形容公司发展的一句话：“逆水行舟，不进则退。”

2.2 绩效分析：评估和改善工作成果

绩效结果分析是公司对绩效结果分布情况进行的全面分析，常见的绩效结果分析可以分成公司层面的绩效结果分析、部门层面的绩效结果分析和员工层面的绩效结果分析 3 种。这 3 种分析之间是由宏观到微观的递进关系。

2.2.1 覆盖状况：绩效管理实施分析

绩效管理在公司员工中的覆盖情况分析能展现公司整体绩效管理的实施范围，从侧面反映公司绩效管理的质量。它通常是以绩效管理覆盖率分析来体现的。

绩效管理覆盖率指的是在公司所有员工中，以考核人或被考核人的身份，参与绩效指标分解、绩效计划、绩效辅导、绩效评价、绩效结果反馈和绩效结果应用的绩效管理全过程的员工占全体员工的比例。

绩效管理覆盖率分析在公司推行绩效管理工作的初期尤为重要。对于原本没有接触过绩效管理的各部门管理者来说，作为考核人时把绩效管理的全部流程做全是第一步，下一步才是把绩效管理做对、做细和做精。

举例

某公司推行绩效管理不到半年的时间。1 月时，人力资源部门对绩效管理在公司员工中的覆盖率情况按部门进行了分析，如表 2-6 所示。

表 2-6　某公司 1 月各部门绩效考核人数及绩效管理覆盖率情况

部门	参与绩效管理的人数	总在编人数	绩效管理覆盖率
A 部门	137	184	74%
B 部门	245	421	58%
C 部门	141	196	72%
D 部门	487	616	79%
E 部门	68	83	82%
全公司	1078	1500	72%

从表 2-6 能够看出，全公司的绩效管理覆盖率达到了 72%，说明有 28% 的人没有参与到绩效管理工作中。E 部门的绩效管理覆盖率最高，达到了 82%。B 部门的绩效管理覆盖率最低，只有 58%。

5 月时，该公司对不同部门绩效管理覆盖率的变化情况按月进行了分析。其中，A 部门 1 ～ 4 月的绩效管理覆盖率如表 2-7 所示。

表 2-7　某公司 A 部门月度绩效考核人数及绩效管理覆盖率情况

时间段	参与绩效管理的人数	总在编人数	绩效管理覆盖率
20×× 年 1 月	137	184	74%
20×× 年 2 月	134	181	74%
20×× 年 3 月	132	179	74%
20×× 年 4 月	132	182	73%

从表 2-7 能够看出，A 部门每月参与绩效管理的人数有逐渐下降的趋势。在这种情况下，该公司进一步评估了 A 部门绩效管理覆盖率存在下降趋势的原因，以推进绩效管理覆盖率在部门内部持续提高。

根据当前的绩效管理覆盖率情况，该公司可以进一步查找绩效管理没有覆盖的岗位都有哪些，分析这些岗位没有覆盖的具体原因，分析一些部门或岗位绩效管理覆盖率比较高的原因，推动绩效管理覆盖率接近或达到 100%。

2.2.2　部门比较：部门绩效差距分析

部门绩效结果分析可以从侧面反映部门经营管理的质量。如果部门之间业务类似、资源相近、人才无较大差异，部门绩效考核分数越高，代表部门管理者经营管理的水平越高。

如果部门之间业务类似、资源相近、管理者的经营管理水平相近，部门内部的绩效考核分数出现不同的结构，代表着部门的人才质量有所不同。绩效考核分数较高者占比越高，代表部门人才的质量越高。

但如果部门之间的业务不同、资源不同、绩效目标的设定也有一定差异，那么这种比较可能就没有意义。

举例

某公司对 1 月各事业部的绩效考核成绩进行了分析，如表 2-8 所示。

表 2-8　某公司 1 月各事业部绩效考核成绩分布情况

部门	70 分以下		70 分～ 90 分		90 分以上		合计人数	部门绩效考核分数
	人数	占比	人数	占比	人数	占比		
A 事业部	46	34%	68	50%	23	17%	137	86.47

续表

部门	70 分以下		70 分～ 90 分		90 分以上		合计人数	部门绩效考核分数
	人数	占比	人数	占比	人数	占比		
B 事业部	78	32%	155	63%	12	5%	245	79.12
C 事业部	47	33%	73	52%	21	15%	141	93.84
D 事业部	269	55%	135	28%	83	17%	487	69.53
E 事业部	18	26%	36	53%	14	21%	68	95.47
全公司	458	42%	467	43%	153	14%	1078	

对表 2-8 中的内容，该公司采取的分析逻辑可以包括如下内容。

（1）B 事业部 90 分以上的人占比最少，同时部门绩效考核分数较低，原因是什么？

（2）D 事业部的部门绩效考核分数最低，同时 70 分以下的人占比最大，原因是什么？

（3）E 事业部的部门绩效考核分数最高，原因是什么？

（4）A 事业部 90 分以上的人占比比 C 事业部多 2%，但 A 事业部部门绩效考核分数比 C 事业部低，原因是什么？

（5）绩效考核成绩相对优秀的事业部好在哪里？相对较差的事业部差在哪里？

（6）绩效考核成绩较好的事业部是否可以总结出经验？绩效考核成绩较差的事业部需要采取哪些行动？

5 月时，该公司按月对不同事业部的绩效考核成绩变化情况进行了分析。其中，A 事业部 1 ～ 4 月的绩效考核成绩分布情况如表 2-9 所示。

表 2-9 某公司 A 事业部月度绩效考核成绩分布情况

时间段	70 分以下		70 分～ 90 分		90 分以上		合计人数	部门绩效考核分数
	人数	占比	人数	占比	人数	占比		
20×× 年 1 月	46	34%	68	50%	23	17%	137	86.47
20×× 年 2 月	49	37%	65	49%	20	15%	134	80.62
20×× 年 3 月	39	30%	69	52%	24	18%	132	89.48
20×× 年 4 月	49	37%	64	48%	19	14%	132	79.41

对表 2-9 中的内容，该公司采取的分析逻辑可以包括如下内容。

（1）部门绩效考核分数的变化是否与部门内成员绩效考核成绩的变化呈正相关？

（2）2 月和 4 月 A 事业部部门绩效考核分数较低，同时事业部内分数较低的人占比较大，原因是什么？

（3）A 事业部 3 月的部门绩效考核分数最高，原因是什么？

（4）当 A 事业部部门绩效考核成绩较好时，是做好了什么？当成绩较差时，是没有做好什么？

（5）A 事业部下一步的行动计划是什么？

2.2.3　员工比较：员工绩效差距分析

员工个体绩效考核成绩分析与结果应用是从员工个体层面分析绩效考核结果，通过员工之间的比较，查找问题并采取一定行动的过程。

对岗位类型差不多的员工，公司通过绩效考核结果的比较，总结绩效考核成绩比较好的员工的经验、方法或工具，能让成绩比较差的员工得到绩效考核成绩的提升。

举例

某公司对某部门的员工 1 ～ 4 月的绩效考核成绩进行比较后，得出结果如表 2-10 所示。

表 2-10　某公司某部门员工月度绩效考核成绩情况

姓名	20XX 年 1 月绩效考核成绩	是否进行绩效面谈	20XX 年 2 月绩效考核成绩	是否进行绩效面谈	20XX 年 3 月绩效考核成绩	是否进行绩效面谈	20XX 年 4 月绩效考核成绩	是否进行绩效面谈
张三	96.12	是	95.47	是	86.53	是	94.78	是
李四	87.65	是	75.36	是	89.17	是	74.23	是
王五	76.39	是	74.96	是	78.12	否	75.61	否

对表 2-10 中的内容，该公司采取的分析逻辑可以包括如下内容。

（1）张三的绩效考核成绩一直较好，但在 3 月较差，原因是什么？

（2）李四每月的绩效考核成绩忽好忽坏，原因是什么？

（3）在 3 月和 4 月王五的直接主管未与其做绩效面谈，原因是什么？

（4）对张三是否要考虑给予进一步的培养或晋升？

（5）对王五是否要考虑轮岗、培训或者汰换？

（6）张三是否有可以总结的经验，以帮助绩效考核成绩较差者？

（7）绩效考核成绩较差者的改进行动计划是什么？

2.3 人效改进：劳动效率比较提升

人效是能够直接反映劳动效率的指标。通过人效体现出的劳动效率，从财务数据的角度反映了员工的工作成效，是每个组织都应当分析的重要数据。对人效的分析是一种手段，提升人效才是目的。

2.3.1 人效比较：劳动效率差距分析

对人效（劳动效率）的分析一般以月为单位。由于不同月的销售额存在一定差距，用更长时期的销售额和人数来计算月度劳动效率会让计算结果更平滑。因此，很多公司在计算人效时会采用前6个月的数据。

某零售公司人效情况分析如表2-11所示。

表2-11 某零售公司人效情况分析

业态	1～6月人均人效	上年1～6月人均人效	1～6月人均人效同比增长	1～6月平效/元	上年1～6月平效/元	1～6月平效同比增长/元	1～6月平效同比增长	1～6月人均看摊面积	上年1～6月人均看摊面积	1～6月人均看摊面积同比增长面积
A	5.18	5.85	−11%	1 121	1 036	85	8.2%	46	57	−11
B	3.7	3.82	−3%	1 164	1 125	39	3.5%	32	34	−2
C	4.03	3.9	3%	1 188	1 135	53	4.7%	34	34	0
D	3.01	2.18	38%	290	216	74	34.3%	104	101	3

表2-11的分析时间是7月，表中的人均人效采用的是1～6月的销售额和人员系数计算出的月度人均人效。表中的平效指的是每平方米卖场面积产生的销售额，人均看摊面积是用卖场的面积除以人员系数计算出的。

从表2-11能够看出，A和B两个业态的人均人效相比去年同期都有所下降，其中A业态下降的幅度最大，达到11%；C和D两个业态的人均人效相比去年同期有所提升，其中D业态提升的幅度最大，达到38%。

从平效数据能够看出，4个业态每平方米卖场的经营效率都在提高。因为卖场面积是固定的，所以提高的原因主要是经营业绩的提高。A业态虽然平效增长的额度最大，但其实是因为自身的基数较大，在增长幅度方面小于D业态。

从人均看摊面积数据能够看出，A和B两个业态的人均看摊面积有所下降，D业态的人均看摊面积有所提高。因为卖场面积是固定的，所以人均看摊面积下降的主要原因是人数的增长。而从人均人效数据又能够看出，这种人数上的增长没有换来劳动效率的提高。

综合人均人效、平效和人均看摊面积，能够推断出 A 和 B 两个业态的人员是存在冗余的，尤其是 A 业态，应当立即查找人员冗余的具体门店，控制人数；C 业态的发展比较平稳，应当继续保持；D 业态的发展比较迅速，可以考虑适当增加人员，进一步提高增长速度。

2.3.2　人效提升：劳动效率改善流程

分析人效的目的是提升人效。劳动效率数据除了用来说明当前状态，更重要的是用来通过数据的比较，帮助公司实施人效改进，提升人力资源管理成效。

某零售公司人效改进的流程如图 2-1 所示。

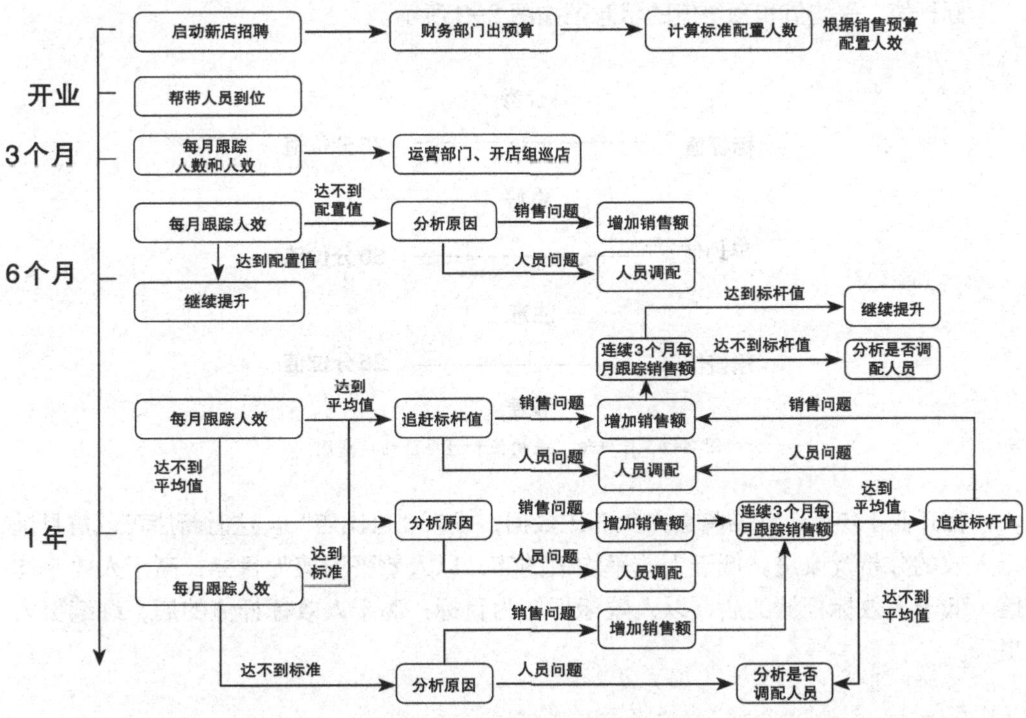

图 2-1　某零售公司人效改进的流程

图 2-1 反映了该零售公司每开一家新店，从开业的人员配置，到开始关注人效，以及发现人效机会点之后的改进的流程。

在有了新店开业计划、开启人员招聘时，财务部门要根据新店的销售预算，计算出标准配置人数。为了应对新店开业难以预期的人员流失，人力资源部门招聘的人员数量会超过门店标准配置人数 10% ~ 20%。在开业时，其他已开业的门店会派驻比较成熟的老手作为帮带人员。

从新店开业的 3 个月后，该零售公司开始每月跟踪新店的人数和人效。运营部门或开店组通过巡店，到门店现场查看人员的配置情况和工作状态，判断人员是否存在冗余。

在新店开业后的 3 ~ 6 个月，该零售公司将会根据门店的标准配置人数和预期人效，查看当前人员数量和人效是否达到配置值。如果达到配置值，则追求继续提升；如果没有达到配置值，则分析原因。如果是销售问题，则采取措施提高销售额；如果是人员问题，则做相应的人员调配。

在新店开业的 6 个月之后，该零售公司将会把新店的人效数据纳入同类店的对比，这时的新店被称为“不可比店”。所谓的“不可比”，指的是没有去年同期的数据，不可与自身做同比，但所有的“不可比店”之间可以相互对比人效，形成人效的预警值（25 分位值）、平均值（50 分位值）和标杆值（75 分位值）。

标杆值、平均值和预警值的示意图如图 2-2 所示。

优秀

标杆值 ———— 75分位值

良好

平均值 ———— 50分位值

注意

预警值 ———— 25分位值

较差

图 2-2 标杆值、平均值和预警值的示意图

在开业 1 年后，新店将会产生同比数据，成为“可比店”。这时新店可以每月进行人效的分析及改进。低于人效平均值的店，以人效平均值为目标；高于人效平均值、低于人效标杆值的店，以人效标杆值为目标；高于人效标杆值的店，继续努力提升。

2.3.3 人效分类：组织人效盘点策略

为了平衡人力资源管理成效和经营业绩成效，某零售公司用人效和平效把所有门店分成 9 类，如图 2-3 所示。

图 2-3　某零售公司门店分类

图 2-3 中的标杆和平均，分别指的是在同类门店中处于 75 分位值和 50 分位值。之所以更强调标杆值和平均值，是因为期望低于平均值的店以平均值为目标，高于平均值、低于标杆值的店以标杆值为目标。

处在第 1 类的门店是优秀门店，指的是人效大于标杆值，平效大于标杆值的门店。这类门店是所有其他门店学习的榜样，但依然存在进一步提升的空间。

处在第 2 类的门店是人效大于平均值、小于标杆值，平效大于标杆值的门店。这类门店有一定的减人空间，应当分析现有人员的能力素质，查找店内是否存在冗余的人员，和效率低下的人员（绩效或能力水平评定为 D 的人员）。要注意评估这类门店在减人之后是否会影响销售额。

处在第 3 类的门店是人效小于平均值，平效大于标杆值的门店。这类门店有比较大的减人空间，应当分析店中是否存在冗余和效率低下的人员，以及能力素质有问题的员工。在减人的时候，更要注意是否会影响门店的销售额。

处在第 4 类的门店是人效高于标杆值，平效低于标杆值、大于平均值的门店。这类门店在销售额方面存在一定的提升空间，应当分析平效达不到标杆值是否与缺人有关。如果有关，应当适当增加人员；如果无关，应当查找销售额低的原因。

处在第 5 类的门店是平效低于标杆值、大于平均值，人效也低于标杆值、大于平均值的门店。这类门店在提高销售额和减少人员方面都有一定的空间，可以从这两个方面来查找问题，分别改善。

处在第 6 类的门店是平效低于标杆值、大于平均值，人效低于平均值的门店。相比于销售问题，这类门店的人员问题更紧迫。这类门店有一定的减人空间，可以按照第 3 类门店的分析方法分析减人的可能性，同时要注意提高销售额。

处在第 7 类的门店是平效低于平均值，人效高于标杆值的门店。这类门店在销售额上有很大的提升空间，平效达不到平均值很可能与缺人有关，应当重点分析，及时补充人员。如果与缺人无关，则要找到影响平效的真正原因，提高销售额。

处在第 8 类的门店是平效低于平均值，人效低于标杆值、大于平均值的门店。这类门店在销售额上存在比较大的提升空间，但同时也要注意人效。这类门店存在更多的销售问题，因为其缺人的可能性比第 7 类门店更小。

处在第 9 类的门店是平效低于平均值，人效也低于平均值的门店。这类门店在提高销售额和减少人员方面有比较大的空间。

该零售公司这种以平效和人效的标杆值和平均值做门店分类与分析的方法，是一种追求业绩快速增长、效率快速提高、公司快速发展的方法。因为处在平均值以下的门店大约占 50%，低于标杆值的门店大约占 75%，这些门店都存在改善空间，需要分析和思考改进方法。

必要的目标和压力能够产生前进的动力。如果按照同样的逻辑，该零售公司以平效和人效的平均值（高于 50 分位值）和预警值（高于 25 分位值）做门店分类与分析，则追求增长、提升和发展的意味会少很多，门店感受到的压力会比较小。

第3章

人工成本与岗位编制测算

人工成本与人效的关联度非常高。要提升人效，需要有效管控人工成本。从组织顶层设计的角度，可以从人工成本的预算编制和规划应用入手；从岗位设计的角度，可以从岗位编制的角度入手。

3.1 组成要素：哪些人工成本需要管控

人工成本一共由 4 个部分组成，分别是获取成本、开发成本、使用成本和离职成本。这 4 个部分也可以理解为分别来自人力资源管理工作中的选、育、用、留 4 个环节的成本。这些人工成本有的能够被量化，有的不能够被量化；有的体现在财务上的金额较多，有的体现在财务上的金额较少。但这些成本都是值得关注和管控的。

3.1.1 获取成本：选人环节的费用

人力资源的获取成本，指的是在组织招聘和录取员工的过程中发生的成本。这些成本一般发生在组织对人力资源的获取阶段中，包括对人力资源的招聘、选择、录用和安置环节发生的所有费用。人力资源的获取成本主要包括招聘成本、选择成本、录用成本和安置成本。

1. 招聘成本

招聘成本指的是组织为了吸引和确定需要的内外部人力资源而产生的各类费用，包括招聘业务产生的费用和招聘人员的劳动费用。其中，招聘业务产生的费用包括招聘人员的差旅费、宣传材料费、广告费、场地租用费、设备使用费及其他招聘相关费用。

2. 选择成本

选择成本指的是组织从内外部的求职者中选择合格的人力资源而产生的各类费用，包括人才测评环节费用、笔试环节费用、面试环节费用、背景调查环节费用、体检环节费用等一切与判断人力资源是否合格相关的费用。

3. 录用成本

录用成本指的是组织为取得已经确定聘用的人力资源的合法使用权而产生的各类费用，包括录取手续费、路途补助费、调动补偿费、搬迁费等一切与人力资源的录用过程相关的费用。

4. 安置成本

安置成本指的是组织将被录用的人力资源安置到某岗位的过程而产生的各类费

用，包括人力资源部门安置人员所消耗的时间成本和录用部门内部负责员工安置相关人员所消耗的时间成本。

3.1.2 开发成本：育人环节的费用

人力资源的开发成本，指的是组织为了提高员工的工作效率，对其素质、知识、能力等进行提升而产生的各类费用。这些费用一般发生在员工上岗前和在岗时。人力资源的开发成本主要包括岗前培训成本、在岗培训成本和脱岗培训成本。

1. 岗前培训成本

岗前培训成本指的是组织为了让新员工在正式进入岗位之前，掌握组织的规章制度、工作流程、设备操作、工作环境、产品特性及其他相关信息产生的成本，包括新员工培训需要付出的资料费用、设备使用或折旧费用，新员工的劳动费用及负责新员工培训工作的人员的劳动费用等。

2. 在岗培训成本

在岗培训成本指的是组织为了使员工的素质、知识、能力能够达到岗位要求，更好地完成工作，而对其进行较短期（一般一次持续时间小于一个月）的培训所产生的成本，包括员工在岗期间接受培训付出的资料费用、设备使用或折旧费用，员工接受培训期间的劳动费用及负责在岗培训工作的人员的劳动费用等。

3. 脱岗培训成本

脱产培训成本指的是组织根据需要（一般是为了培养高层管理人才和专业技术人才），允许员工脱离工作岗位接受较长期限（一般一次持续时间大于一个月）的培训而产生的成本，包括员工离岗组织需要付出的员工劳动费用、组织需要付出的脱岗培训费用，以及可能的岗位空缺产生的损失。

3.1.3 使用成本：用人环节的费用

人力资源的使用成本，指的是组织为了使用员工而产生的费用。一般情况下，人们认为的薪酬就是一种人力资源的使用成本，与薪酬相关的各类费用都包含在人力资源的使用成本中。人力资源的使用成本包括维持成本、奖励成本、调剂成本和保障成本。

1. 维持成本

维持成本指的是组织保持员工的生产和再生产所需要的费用，是员工的劳动报酬，包括员工的计时工资、计件工资、岗位津贴、法定加班费、福利费用、劳动保护费、社会保险费用、住房公积金、年终分红、住房费用、工会费用、保密费用等维持员工在岗工作所需要付出的成本。

2. 奖励成本

奖励成本指的是组织为了鼓励员工创造劳动成果，激发员工的劳动积极性，促使员工更好地完成绩效，为组织创造更大的价值，对其为组织做出贡献而支付的奖金，包括超产奖励、超额绩效奖励、变革创新奖励、合理化建议奖励、优秀表彰奖励、特殊贡献奖励等。

3. 调剂成本

调剂成本指的是组织为了调剂员工工作和生活节奏，调节员工的工作情绪，增强员工的凝聚力，消除员工的疲劳，稳定员工队伍所产生的费用，包括员工业余活动费用、员工定期休假费用、改善员工工作环境费用、员工疗养费用等。

4. 保障成本

保障成本指的是工作原因（如工伤或职业病）或工作以外的原因（如疾病、生育、受伤害等）引起员工的身心健康问题，组织需要承担的经济补偿费用，包括员工工伤和患职业病的赔偿、医药费、残疾补贴、丧葬费、员工缺勤的损失等。

3.1.4 离职成本：留人环节的费用

人力资源的离职成本，指的是组织因为员工离职需要付出的成本，包括组织需要支付给员工的离职津贴、因为一些原因需要支付的一定时期的生活费、离职的交通费、解聘员工的费用、辞退员工的费用及员工离职造成的损失。人力资源的离职成本包括离职管理成本、离职补偿成本、离职前低效成本和岗位空缺成本。

其中，离职的交通费指的是组织与员工解除劳动合同后，支付的员工返乡交通费用。这种费用在高级人才及部分基层劳动岗位中会出现。例如对于国外的高级人才，组织可能承诺承担一切的交通费，其中包括离职后回国的交通费；对于来自偏远地区的劳动力，组织在招聘的时候可能会承诺承担来回交通费，包括离职后的返乡费用。

解聘员工的费用和辞退员工的费用，指的是因为组织主动与员工解除劳动合同而产生的需要支付给员工的费用，例如法定的经济补偿金，有时候也可能有一些额外的协议补偿费用。

1. 离职管理成本

离职管理成本指的是组织为处理员工离职的事务所产生的全部费用，包括参与员工离职工作相关员工的劳动费用、离职手续相关的资料费用、办理员工离职手续需要承担的交通费用等。

2. 离职补偿成本

离职补偿成本指的是组织需要支付给离职员工的各类费用，包括组织辞退员工时需要补偿员工的费用、必要的离职员工安置费用、一次性支付员工的离职金等。

其中，组织辞退员工时需要补偿员工的费用，指的是组织因为主动与员工解除劳动合同，而产生的需要支付给员工的费用，例如法定的经济补偿金等。

必要的离职人员安置费用，包括离职的交通费等。一些员工离职后组织需要负责其一段时间的住宿或餐饮费用，这些也是安置费用。

一次性支付员工的离职金，是指有的员工离职时，除了法定的经济补偿金，也可能有一些额外的协议补偿费用。

3. 离职低效成本

离职低效成本指的是员工在决定离职到离开组织前，由于心态和行为的变化，造成自己的生产效率降低，从而给组织造成的损失，以及由于该离职员工的离职，造成组织其他员工生产效率降低，从而给组织造成的损失。

4. 岗位空缺成本

岗位空缺成本指的是员工离职后，组织找到接任者补充该岗位之前，岗位空缺给组织造成的损失，以及由于该岗位补充的接任者能力或经验不足，造成生产效率达不到原岗位水平而给组织造成的损失。

3.2 规划应用：人工成本预算编制与管控

组织要有序地承接战略和遵循人力资源管理规划，合理安排和规范人力资源管理活动资金的使用，做到合理规划和合理应用，就需要提前编制人工成本预算，并在人工成本预算执行的过程中实施必要的管控。

3.2.1 编制格式：预算项目包含类目

人工成本预算表是组织编制人工成本预算的重要工具。编制人工成本预算前，组织需要明确本组织人力资源管理成本项目的类目，形成符合本组织需求的人工成本预算表。

人工成本预算样表如表 3-1 所示。

表 3-1 人工成本预算样表

一级项目	二级项目	三级项目	四级项目	上年度情况	本年度情况	下年度预计
获取成本	招聘成本	差旅费 宣传材料费 广告费 场地租用费 设备使用费 ……	……			
	选择成本	人才测评环节费用 笔试环节费用 面试环节费用 背景调查环节费用 体检环节费用 ……	……			
	录用成本	录取手续费 路途补助费 调动补偿费 搬迁费 ……	……			
	安置成本	人力资源部门安置人员所消耗的时间成本 录用部门内部负责员工安置相关人员所消耗的时间成本 ……	……			
开发成本	岗前培训成本	新员工培训需要付出的资料费用 设备使用或折旧费用 新员工的劳动费用 负责新员工培训工作的人员的劳动费用 ……	……			
	在岗培训成本	员工在岗期间接受培训付出的资料费用 设备使用或折旧费用 员工接受培训期间的劳动费用 负责在岗培训工作的人员的劳动费用 ……	……			

续表

一级项目	二级项目	三级项目	四级项目	上年度情况	本年度情况	下年度预计
开发成本	脱岗培训成本	员工离岗组织需要付出的员工劳动费用 组织需要付出的脱岗培训费用 可能的岗位空缺产生的损失 ……	……			
使用成本	维持成本	计时工资 计件工资 岗位津贴 法定加班费 福利费用 劳动保护费 社会保险费用 住房公积金 年终分红 住房费用 工会费用 保密费用 ……	……			
	奖励成本	超产奖励 超额绩效奖励 变革创新奖励 合理化建议奖励 优秀表彰奖励 特殊贡献奖励 ……	……			
	调剂成本	员工业余活动费用 员工定期休假费用 改善员工工作环境费用 员工疗养费用 ……	……			
	保障成本	员工工伤赔偿 员工患职业病赔偿 医药费 残疾补贴 丧葬费 员工缺勤损失 ……	……			

续表

一级项目	二级项目	三级项目	四级项目	上年度情况	本年度情况	下年度预计
离职成本	离职管理成本	参与员工离职工作相关员工的劳动费用 离职手续相关的资料费用 办理员工离职手续需要承担的交通费用 ……	……			
	离职补偿成本	组织辞退员工时需要补偿员工的费用 必要的离职员工安置费用 一次性支付员工的离职金 ……	……			
	离职低效成本	离职员工自己的生产效率降低给组织造成的损失 组织其他员工生产效率降低给组织造成的损失 ……	……			
	岗位空缺成本	岗位空缺给组织造成的损失 岗位补充的接任者能力或经验不足，造成生产效率达不到原岗位水平而给组织造成的损失 ……	……			

不同组织的人工成本预算表编制逻辑近似，但样子可能完全不同。应用时，组织需要根据本组织的管理习惯、管理成本和管理能力来编制适合本组织使用的人工成本预算表。

根据人工成本的组成要素，人工成本预算表至少可以编辑成 3 个级别的项目，一级项目是人工成本的 4 个类别，分别是获取成本、开发成本、使用成本和离职成本，二级项目是一级项目的细分，三级项目是二级项目的细分，依次类推。根据组织管理的需要，人工成本预算可以设置到更细致的四级项目，甚至可以细化到五级项目、六级项目。

人工成本预算表的费用分析部分，一般至少要体现上年度实际发生情况、本年度的现状，以及根据组织战略和人力资源管理规划确定的下年度计划的情况。有的组织习惯把前 3 年的情况拿出来比较，这时可以在人工成本预算表中加入前 3 年的数据。

我们在实战中应用人工成本预算表时，需要注意追求实用而不是追求全面。人工成本中有一些费用难以量化或量化的成本较高（如员工离职造成本岗位或其他岗位劳动效率降低给组织造成的损失），如果组织当前不具备量化这部分数据的能力，不必硬要将该部分量化或者体现在人工成本预算表中。

组织实施人工成本管控这种管理行为的目的是降低成本，如果这种管理行为本身效率低下或成本较高，那么实施这种管理行为就变成了“为了管理而管理”，而不是“为了价值而管理”。这时候，实施这种管理行为并没有给组织带来正向的价值，反而会给组织带来很多负面影响。

3.2.2　编制流程：预算编制实施步骤

人工成本预算编制流程如图 3-1 所示。

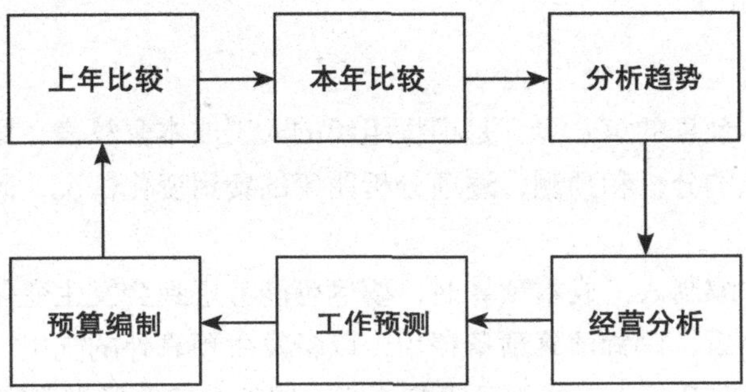

图 3-1　人工成本预算编制流程

1. 上年比较

编制人工成本预算的第 1 步是将上一年人工成本的预算和决算情况进行比较，找出上一年预算和决算之间差异比较大的项目，分析该项目差异人的主要原因及该项日存在的问题，判断明年是否会发生类似的问题。

2. 本年比较

编制人工成本预算的第 2 步是将本年度发生的人工成本和预算情况进行比较，找出当前实际发生和预算差异比较大的项目，分析该项目差异大的主要原因及该项目存在的问题，判断明年是否会发生类似的问题。

这里需要注意，一般组织编制下一年度人工成本预算的时间是每年的 10 月初到 12 月末。这时候，当年发生的人工成本还没有全年的完整数据，只能用当前的情况和预估到年末的情况进行比较，所以这一步存在一定的预估成分。

3. 分析趋势

在做完上年度人工成本的预算决算情况比较和本年度人工成本的预算决算情况比较之后，在编制人工成本预算的第 3 步，我们就可以分析出人工成本的变化趋势，能够得出哪些项目可能会增加，哪些项目可能会减少。这时对趋势的分析不能仅停留在数字层面，还要考虑实际工作情况。

4. 经营分析

在编制人工成本预算的第 4 步，我们对人工成本的分析不能仅停留在人力资源管理规划的层面，还需要站在组织经营管理的高度，了解组织的战略目标、发展状况和生产经营状况，让组织的人工成本预算与生产经营情况相匹配。

5. 工作预测

编制人工成本预算的第 5 步是结合第 4 步的经营分析，列出符合组织战略的工作重点，列出当前影响组织人工成本预算编制的主要因素，同时列出明年人力资源管理工作的重点及方向。

6. 预算编制

编制人工成本预算的第 6 步，是根据组织的人工成本预算表，结合第 5 步对人力资源管理工作重点的分析和预测，逐项分析明年的费用变化情况，确定人工成本预算项目的具体数字。

另外，我们在编制人工成本预算时，要尽可能考虑到会发生变化的各项因素，在预算数字上留有余量，设置预算预备费用，以备发生预算外的支出。预算预备费用的具体数字可以参考前 3 年人工成本预算和决算之间的数字差异来确定。

3.2.3 执行管控：预算审批通过执行

我们在编制完人工成本预算后，应形成书面报告，报预算管理委员会进行核准和审批。人力资源部门在收到预算管理委员会的批复后，应及时修改需要修改的内容，直至预算管理委员会最终通过。人工成本预算方案通过后，应执行人工成本预算决议。

人工成本预算审批和通过的流程如图 3-2 所示。

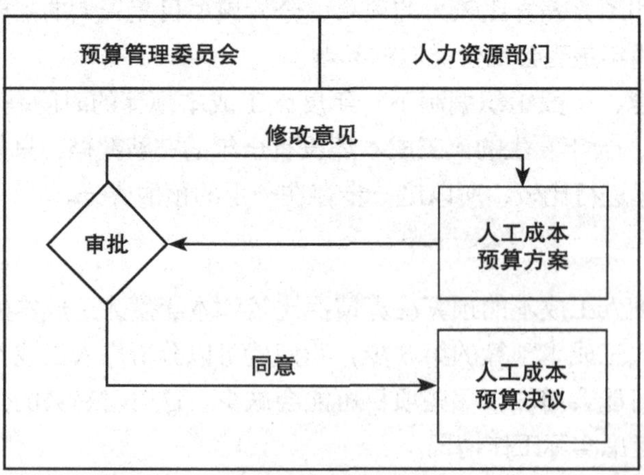

图 3-2 人工成本预算审批和通过的流程

我们在制定人工成本预算决议的具体计划时，应形成人工成本预算执行表，如表 3-2 所示。

表 3-2　人工成本预算执行表

预算项目	预算额	实际发生额	差异额	累计预算额	累计实际发生额	累计差异额

在人工成本预算执行表中，第 1 列的预算项目可以按照人工成本预算样表中的项目分级表示，第 2 列到第 4 列的预算和实际发生情况的记录一般以月为时间单位，第 5 列到第 7 列的累计预算和实际发生情况的记录一般是当年累计月的数据。

在执行人工成本预算前，组织应具备相应的管理制度和对预算责任人的奖惩制度。审批后的人工成本预算目标一般是和组织绩效指标挂钩的硬指标，没有特殊原因，人工成本实际发生额不得超过预算。相关人员要对人工成本预算实施管控，管控的时候一般需要遵循如下注意事项。

1. 在预算内使用时

对于预算内的项目，一般来说由人力资源部门负责人和总经理进行审批和管控，由财务部门和预算管理委员会进行监督。

2. 在预算外，预备内使用时

如果遇到特殊情况，需要突破人工成本预算，但是超出的金额在预算预备费用内，需要提出申请，详细说明原因，由财务部门负责人和总经理核准审批后，将超出部分纳入预算外支出。

3. 在预算外，预备外使用时

如果需要突破的人工成本预算超出预算预备费用，除了需要财务部门负责人和总经理审批，还需要预算管理委员会审核与批准。必要时，应对该超出预算项目的必要性进行充分的论证。

4. 预算使用不足时

人工成本预算使用不足有剩余时，一般可以跨月结转，继续使用，但一般不能跨年结转、使用。

5. 环境变化时

在人工成本预算使用过程中，如果遇到各类环境变化（如政策环境变化、经济环境变化、产业环境变化等）及其他特殊原因造成组织的经营战略发生变化，应及时对人工成本预算做出修正，并按照组织权限，重新实施核准和审批流程。

3.2.4 考核激励：人工成本预算考核

对人工成本预算的考核主要是对执行人工成本预算的责任人的考核。人工成本预算虽然是人力资源管理成本的预算，但执行该预算的责任人不仅是人力资源部门的负责人。执行人工成本预算的主要责任人实际上是拥有和使用人力资源的各部门负责人。

人力资源部门要对人工成本预算的执行和管控实施必要的约束和激励措施，如对预算目标的细化、分解、考核。人力资源部门对人工成本预算的考核一般应细化到月度考核，管理要求较低或管理成本较高的组织也可以实施季度考核。

在人工成本预算考核的过程中，要及时发现表面问题和潜在问题，及时对预算责任人或预算本身实施必要的调整。对预算责任人的调整主要体现在绩效面谈和绩效结果的应用上，对预算本身实施调整要注意按照组织相关流程和权限运行。

对人工成本预算实施考核的时候应遵循如下原则。

1. 目标原则

对人工成本预算的考核应当以预算目标为基准，按照人工成本预算的完成情况考核和评价责任人的绩效情况。

2. 时效原则

对人工成本预算的考核应当遵循相应的考核周期实施动态评价，每个考核周期结束后应立即实施评价。

3. 激励原则

对人工成本预算的考核应体现出对责任人的激励。当责任人完成情况较好时，要有相应的激励措施；当责任人完成情况较差时，要有相应的惩罚措施。

4. 例外原则

如果环境或条件发生重大变化，对人工成本预算的考核也应灵活变化，特殊时期、特殊情况可以进行特殊处理。

3.2.5 预算管控：成本管控六大步骤

人工成本管控的通用流程包括六大步骤，按照顺序分别是人工成本预测、人工成本决策、人工成本计划、人工成本核算、人工成本分析和人工成本考核，如图 3-3 所示。

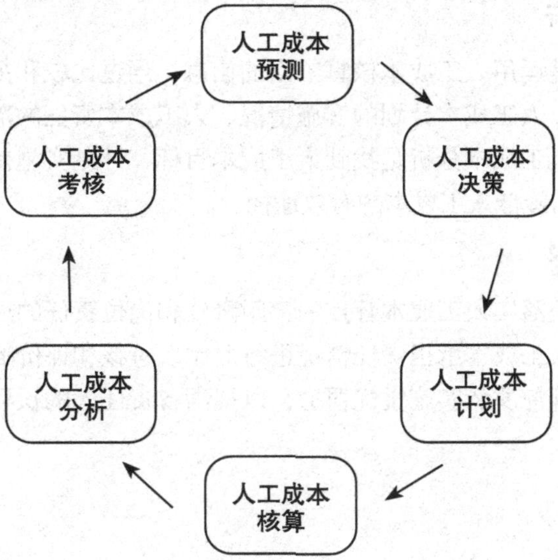

图 3-3　人力资源成本管控的六大步骤

1. 人工成本预测

人工成本预测是人工成本管控的基础，是根据组织人工成本统计的历史数据，结合市场调查的预算，研究组织内外部环境因素的变化，对人工成本变化的影响情况，运用专业的方法，科学地估算一定时间内人工成本的目标或变化趋势。如果没有人工成本预测，人工成本管控将变成主观臆断。

2. 人工成本决策

人工成本决策是人工成本管控的核心，是按照既定的目标，在充分收集成本信息的基础上，运用科学的方法，划分可控因素与不可控因素，在分析成本和比较结果的基础上，全面分析方案中的约束条件，从多种人工成本方案中选择最佳方案的过程。人工成本决策的最终目标是提高组织的效益。

3. 人工成本计划

人工成本计划是在人工成本预算和人工成本决策的基础上，根据“自上而下”和“自下而上”两条路径，在充分调动相关部门的基础上，汇编而成具有可操作性的人工成本管控计划。一般来说，该计划是绩效考核的重要依据，具有一定的权威性，应当严格贯彻执行，不得随意改动。

4. 人工成本核算

人工成本核算的目的是为人工成本管控的各个环节提供准确的信息，是通过对人工成本的记录、测算、确认等一系列环节，确定人工成本管控的结果。人工成本核算能够准确展示人工成本管控的质量。

5. 人工成本分析

人工成本分析是运用人工成本核算给出的信息，通过比较和关联分析，对人工成本目标的完成情况、人工成本计划的实施情况、人工成本责任的落实情况做出评价、得出结论的过程。人工成本分析是找到人工成本目标、计划实施差距的关键步骤，有利于吸取经验，找到降低人工成本的有效途径。

6. 人工成本考核

人工成本考核是落实人工成本管控的部门责任和岗位责任的过程，是对人工成本的实际完成情况和人工成本承担责任情况进行对比、考核和评价的过程。人工成本考核能够对人工成本管控质量实施赏优罚劣，以提高各责任人的积极性，进一步提高人工成本管控的质量。

3.3 岗位编制量化测算方法

岗位定编是采取一定的程序和科学的方法，确定各岗位的人员数量及素质要求。它要求组织根据业务方向和规模，在一定时间内和一定的技术条件下，本着精简机构、节约用人、提高工作效率的原则，规定各岗位的人员数量及素质要求。

3.3.1 强调价值：劳动效率定编法

劳动效率定编法是根据生产任务和员工的劳动效率及出勤率等因素来进行岗位定编的方法，或者根据工作量和劳动定额来进行岗位定编的方法。

凡是实行劳动定额的岗位，特别是以手工操作为主的岗位，都适合采用这种方法。一些强调劳动效率的组织也可以采取这种方法。

劳动效率定编法的通用计算公式如下。

定编人数 = 计划期生产任务总量 ÷（劳动效率 × 出勤率）。

举例

某公司明年计划生产产品总任务量为 100 万件。该公司每个工人的平均生产效率是每天生产 10 件（工人的劳动产量定额是每天生产 10 件）。该公司工人的年平均出勤率为 90%。该公司工人的定编人数应是多少？

工人的定编人数 $=1\times10^6\div[10\times(365-2\times52-11)\times90\%]=444$ 人（四舍五入）。

其中，“1×10^6”（100 万）是计划期内生产总任务量 100 万件；

“10”是工人每天的劳动效率，即每天生产 10 件；

“365”是一年的天数；

“2×52”是每年周六和周日两天的公休天数；

“11”是每年国家法定节假日的天数；

“90%”是出勤率。

劳动定额的基本形式有产量定额和时间定额 2 种，上例的计算方式为产量定额。如果是时间定额，计算公式如下。

定编人数 = 生产任务 × 时间定额 ÷（工作时间 × 出勤率）。

举例

上例中某公司产品的时间定额是 1 小时，也就是每生产 1 件产品，需要 1 个工人 1 小时的时间。该公司工人的定编人数应是多少？

工人的定编人数 $=1\times10^6\times1\div[8\times(365-2\times52-11)\times90\%]=556$ 人（四舍五入）。

其中，“1×10^6”（100 万）是计划期内生产总任务量；

“1”是生产一件产品需要的小时数，也就是时间定额；

“8”是每个工人每天工作的小时数；

“365”是一年的天数；

“2×52”是每年周六和周日两天的公休天数；

“11”是每年国家法定节假日的天数；

“90%”是出勤率。

3.3.2 拆分工序：业务流程定编法

业务流程定编法是根据各岗位的工作量和各岗位员工的工作效率来进行岗位定编的方法。员工的工作效率可以用单位时间产量和单位时间处理业务量等来衡量。组织根据总业务量，可以确定不同业务流程的工作量，确定业务流程衔接，从而确定各岗位人员编制。

简单地说，就是首先确定某道工序有多少个流程环节，每个流程环节的工作量如何，每个流程环节员工的工作效率如何；然后分别用每个流程环节的工作量和员工的工作效率来计算每个流程环节需要的员工数量；最后把所有流程环节需要的员工数量加在一起，得出整个部门需要配置的员工数量。

业务流程定编法的原理类似劳动效率定编法，但因为业务流程定编法是分步骤和分流程的，所以其计算过程比劳动效率定编法更复杂。而且业务流程定编法需要收集大量业务流程过程中的关键数据，这使其比劳动效率定编法更难应用。

业务流程定编法没有固定的计算公式，需要具体问题具体分析。

举例

某部门每天的工作流程一共分成 5 个步骤，每个步骤每天需要的工作量及每个员工平均每小时能完成的工作量如表 3-3 所示。

表 3-3　某部门每个步骤每天需要的工作量及每个员工平均每小时能完成的工作量

流程环节	1	2	3	4	5
每天需要的工作量	72	64	160	40	80
每个员工平均每小时能完成的工作量	3	4	5	5	1

该部门员工的出勤率是 80%，该部门应配备多少个员工？

该部门的定编人数 =[72÷（3×8）+64÷（4×8）+160÷（5×8）+40÷（5×8）+80÷（1×8）]÷80%=25 人。

其中，8 指的是每个员工每天工作 8 小时。

用每个步骤每天需要的工作量除以每个员工每天能完成的工作量，能够得到每个步骤需要的员工人数。

上例只是简单演示了业务流程定编法的计算过程，实战中计算岗位编制时，应当有比较具体的场景，而且通常需要长时间、大量的数据收集。很多组织不知道如何计算岗位编制，问题往往出在数据收集的环节。因为没有足够的基础数据，所以找不到合适的岗位编制计算方法。

3.3.3　寻找参照：行业对标定编法

行业对标定编法是相对比较简单的岗位定编方法，很多初创组织适合采用行业对标定编法进行岗位定编。劳动效率定编法、业务流程定编法和预算控制定编法这 3 种岗位定编方法都不仅需要组织内部具备一定的管理基础，而且需要大量数据支持。

笔者团队在一个人力资源管理咨询项目中为一家公司的某个环节应用业务流程定编法时，为了得到用于计算岗位编制的足量数据，让每个岗位分析人员实地工作和观察了一周时间。而行业对标定编法不需要组织内部具备比较强的管理基础，就算是初创组织或刚成立的团队，之前没有任何数据积累，也可以采用这种方法。

行业对标定编法是应用行业对标组织的情况来进行岗位定编的方法。行业对标定编法也可以用某个特定行业、特定组织中某类岗位的人数和另一类岗位人数的比例来确定岗位编制。简单地说，也可以理解为参照标杆组织或对标组织的情况来设计自身的岗位编制。

在相同类型的组织中，因为存在专业化分工和协作要求，某一类岗位人员和另一类岗位人员之间比较容易存在一定的比例关系，而且二者有可能因为某种因素相互影响，从而因某种变化而产生变化。所以行业对标定编法也比较适合对人力资源管理、行政管理、后勤管理等各种辅助支持类岗位进行定编。行业对标定编法的通用计算公式如下。

某类岗位定编人数 = 另一类岗位人员总数 × 对标组织定员比例。

举例

某连锁餐饮服务业公司现有一线服务人员 1 万人，在行业内其他对标公司中，人力资源管理人员和一线服务人员的比例一般是 1 ： 100。这家公司应配置多少人力资源管理人员？

该公司人力资源管理人员人数 =1×10 000×1/100=100 人。

3.3.4 关注财务：预算控制定编法

预算控制定编法是财务管控型组织中常使用的定编方法，是通过人工成本预算金额或人工成本预算比率进行岗位定编的方法。使用这种方法时，一般不会对某一个部门或某一类岗位的具体人数做硬性规定。

应用预算控制定编法时，一般是部门负责人对本部门的业务目标、岗位设置和员工人数负责，在获得组织批准的预算额范围内，自行决定各岗位的具体人数。这里的预算额可能是确定的数字，也可能是范围，有时候还可能是人工成本和销售收入的比率，也就是人工费用比率。因为一旦销售收入大幅度增加，有可能需要适当地增加一些员工。

预算控制定编法的通用公式如下。

定编人数 = 预算销售额 × 预算人工费用比率 ÷ 平均每人的人工成本额。

举例

某集团公司下设 20 家分公司。该集团公司没有时间和精力对 20 家分公司进行事无巨细的管理，而且过度管理还可能引起这 20 家分公司总经理的反感。于是该集团公司决定，主要管理这 20 家分公司的财务结果，其中包括销售额和利润额。

要达成财务结果，必须要有一定的财务过程测算作为保障。一般来说，如果没有特殊情况，不会出现一家分公司各类成本超标，利润却达标的情况。所以集团公司要管控财务结果，实际上也要管控分公司的各种财务支出。人工成本支出就是财务支出中的重要一项。

该集团公司对分公司的人力资源岗位采取预算控制定编法，通过财务预算给分公司设定人工成本预算额。此时，该集团公司就只管控分公司的总人工成本预算，通过人工成本预算来计算总人数。

在人工成本预算范围内，具体如何用人是分公司自己的事，集团公司不做过多干涉。集团公司主要是从财务成本上做好管控，保证财务成本不超过预算值。

上例这种财务管控模式的成本比较低，在很多规模比较大的集团公司中应用比较广泛。当然，上例只是简单说明该模式的原理，并且采用财务管控模式并不代表集团公司只管分公司的财务，其他事项就真的都不管。一般来说，除财务管理外，在一些重大战略决策，一些重要管理岗位的人事任命，以及一些比较重要的领域上，集团公司依然会对分公司进行必要的管控。

非集团化组织、小规模组织也可以应用预算控制定编法，此时的应用原理是相同的。组织可以对各部门制定人力预算。由于组织资源有限，而且资源与产出密切相关，所以应用预算控制定编法可以对各部门人数有严格约束。

举例

某集团公司给A子公司设定的明年销售预算额是10亿元，预算人工费用比率是10%。A子公司平均每人每年的人工成本是8万元。A子公司应配置多少人？

A子公司的定编人数 $=10\times10^8\times10\%\div(8\times10^4)=1\ 250$ 人。

其中，“$10\times10^8\times10\%$”是明年的预算人工成本额。

如果遇到组织战略调整或市场环境发生较大变化，预算相应发生了重大变化，那么定编人数也应相应做出调整。

举例

接上例。假如市场形势比较好，A子公司明年的销售预算额调整为12亿元，则按照预算控制定编法，该子公司定编人数的计算方法如下。

A子公司的定编人数 $=12\times10^8\times10\%\div(8\times10^4)=1\ 500$ 人。

其中，“$12\times10^8\times10\%$”是明年的预算人工成本额。

第4章 人力资源预测与规划

组织对人力资源的数量预测和顶层规划影响着人效。如果组织没有在一开始准确测算出需要的人员数量，没有做好人力资源数量上的规划，则可能无法高效地设计和安排人力资源，无法最大化人效。

4.1 诊断分析：组织效能诊断工具

组织效能诊断是人力资源数量预测和人力资源规划的基础。组织可能面临各种各样的问题，这就需要组织有能力做组织效能诊断。通过组织效能诊断，组织可以及时发现和意识到潜在问题并做出调整。常用的组织效能诊断工具包括麦肯锡 7S 模型、6 个盒子分析法和杨三角分析法。

4.1.1 诊断框架：麦肯锡 7S 模型

麦肯锡 7S 模型是由战略（Strategy）、技能（Skill）、价值观（Sense of Worth）、结构（Structure）、风格（Style）、系统（System）和员工（Staff）7 个要素组成的，因为每个要素的首字母都为 S，所以它被命名为“7S”。

麦肯锡 7S 模型示意图如图 4-1 所示。

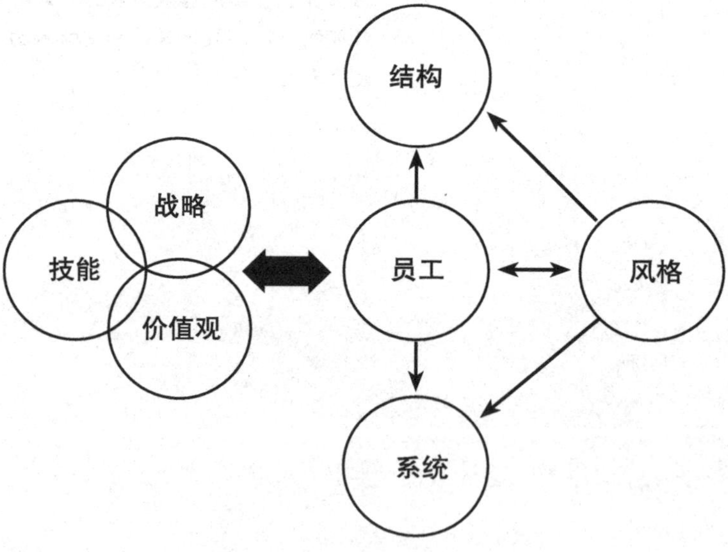

图 4-1 麦肯锡 7S 模型示意图

麦肯锡 7S 模型是一种诊断组织问题的思考框架。这个框架可以分成两个部分：第 1 部分是组织成功的基本法则，包括战略、技能和价值观 3 个要素；第 2 部分是支持组织成功基本法则实现的维度，包括结构、风格、系统和员工 4 个要素。

1. 战略

战略是组织在市场竞争中获得成功的方向和行动路线。

2. 技能

技能是组织获得成功需要掌握的正确方法，主要指组织作为一个整体具备的能力，也就是组织能力，而非组织中个体的能力。

3. 价值观

价值观指的是组织中大多数成员具有的共性想法，或某种共同的行为表现。

4. 结构

结构是组织中成员间的构成方式，包含部门 / 团队的划分，成员之间的上下级关系等。

5. 风格

风格主要指的是组织中管理者的领导风格、员工间的工作关系等。

6. 系统

系统主要指组织的协同方式、每天的工作流程、遵循的制度等。

7. 员工

员工指的是组织中所有的人，这些人在组织中担任不同的角色，发挥不同的作用，通过共同的努力，实现组织目标。

麦肯锡 7S 模型诊断问题表如表 4-1 所示。

表 4-1　麦肯锡 7S 模型诊断问题表

序号	要素	问题
1	战略	1. 组织的战略是什么？目标是什么？如何根据外部环境做出调整？ 2. 组织如何实现战略？如何实现目标？ 3. 组织如何应对竞争？如何应对环境变化？ 4. 组织的客户是谁？如何应对客户需求变化？
2	技能	1. 组织的核心竞争力是什么？ 2. 组织被别人熟知的能力是什么？ 3. 组织是否具备实现战略和目标的能力？ 4. 组织是否存在技术上的缺陷？

续表

序号	要素	问题
3	价值观	1. 组织的价值观是什么？ 2. 组织的价值观对实现战略有帮助吗？ 3. 组织的价值观是否深入人心？ 4. 组织文化是什么？
4	结构	1. 组织中的部门 / 团队是如何划分的？ 2. 组织中各部门 / 团队是如何协同工作的？ 3. 组织中的工作流程是怎样的？ 4. 组织中的决策权是如何划分的？等级如何？
5	风格	1. 组织中管理者的领导风格对实现战略有何影响？ 2. 管理者领导风格的有效性如何？ 3. 组织中员工间的关系如何？ 4. 团队间的分工协作有没有真正发挥作用？
6	系统	1. 组织运行的制度有哪些？ 2. 这些制度有没有真正发挥作用？ 3. 如何确保这些制度得到落实？ 4. 如何对这些制度实施监管？
7	员工	1. 组织的员工数量是否充足？哪些岗位存在空缺？ 2. 组织的员工质量是否能满足需要？ 3. 组织当前的人员结构如何？ 4. 当前员工存在的最大问题是什么？

麦肯锡 7S 模型有助于组织理解自身是如何运作的，可以将组织中的复杂问题分解到不同的要素中进行分析，让分析更精准，有助于组织发现哪些要素存在问题，明确哪些要素是需要改进的重点。

4.1.2 诊断工具：6 个盒子分析法

组织要诊断组织机构的管理效能，可以使用 6 个盒子分析法。6 个盒子分析法也叫 6 盒模型，是一种诊断组织健康状况的工具。组织使用 6 个盒子，能够盘点现状，快速找到当前存在的问题，更精准、高效地解决问题。

6 个盒子实际上指的就是 6 个维度，分别是使命与目标、结构与组织、关系与流程、奖励与激励、支持与工具、管理与领导，如图 4-2 所示。

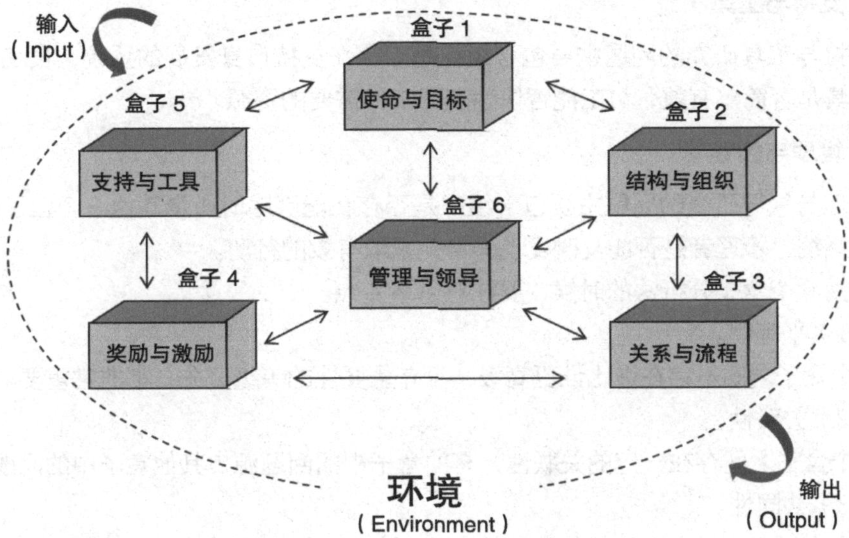

图 4-2　6 个盒子分析法示意图

这 6 个维度的含义如下。

1. 使命与目标

使命与目标研究的问题主要包含组织是否有明确的使命与目标，员工是否清楚并理解组织的使命与目标，组织的使命与目标和组织的能力是否相符，组织准备为谁创造价值，组织实际正在为谁创造价值。

2. 结构与组织

结构与组织研究的问题主要包含组织结构是如何划分的，组织结构是否能够对组织的使命与目标起到支持作用，组织内部是如何开展分工协作与内部信息沟通的，组织内部的分工协作是否顺畅高效。

3. 关系与流程

关系与流程研究的问题主要包含组织内部各业务部门之间的关系如何，是否存在流程上的矛盾或问题，当前的流程是否存在冗余，内部流程运行的效率如何，是否存在内部关系或流程上不必要的耗损。

4. 奖励与激励

奖励与激励研究的问题主要包含组织当前的奖励或激励是否及时，当前的奖励或激励能否支持员工的工作任务和工作目标达到预期，当前的奖励或激励能否有效地激发员工采取组织想要见到的行动。

5. 支持与工具

支持与工具研究的问题主要包含组织是否存在支持自身发展的系统，员工能够获取的工具是否简单有效，员工能否快速获得工作需要的资源。

6. 管理与领导

管理与领导研究的问题主要包含组织是否存在能够随时衡量其他 5 个盒子的问题的管理系统，管理者是否能及时发现异常并采取有效的行动。

应用 6 个盒子分析法的时候，要注意以下 4 点。

（1）平等性。

6 个盒子之间不存在谁比谁更高级，没有重要性的等级区分，都非常重要。

（2）关联性。

6 个盒子之间存在一定的关联性，有的盒子中的问题源自其他盒子中的问题。

（3）共同性。

6 个盒子要一起应用，单独运用其中某几个盒子而忽略其他盒子将起不到效果。

（4）应用性。

要想让 6 个盒子成为管理者探讨组织问题的语言，需要在工作中经常运用它们。

应用 6 个盒子分析法时，有以下 3 个误区。

（1）当成万能钥匙。

有的人把 6 个盒子分析法当成解决一切组织问题的万能钥匙。其实 6 个盒子并不能包含组织层面的全部问题，诊断组织效能的时候除了关注这 6 个维度，不能忽略组织中别的可能产生问题的维度。

（2）忘记发展变化。

有的人常忘记组织的问题是不断发展变化的，使用 6 个盒子分析法做诊断之后，不代表一段时间之后的问题还是原来的问题。6 个盒子分析法要在当下讨论、运用。

（3）忽略因果关系。

有的人把 6 个盒子孤立地看，就某个问题只在单个盒子中讨论。6 个盒子之间存在一定的因果关系，有的盒子中的问题源自其他盒子中的问题，应当把 6 个盒子关联起来看。

4.1.3 组织能力：杨三角分析法

要诊断组织能力，可以运用杨三角分析法工具。杨三角分析法是杨国安提出的。当组织的战略确定后，组织成功的关键与组织能力有非常重要的关系。

组织能力分成 3 个层面，分别是员工思维模式（员工愿不愿意做？）、员工能力（员工会不会做？）和员工治理方式（容不容许员工做？），如图 4-3 所示。

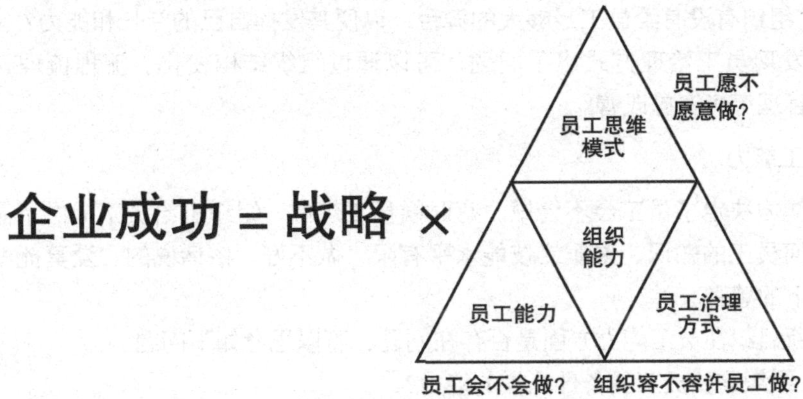

图 4-3　杨三角分析法示意图

运用杨三角分析法来诊断组织能力，可以从员工思维模式、员工治理方式和员工能力 3 个方面来实施。

1. 员工思维模式

员工思维模式决定了员工想不想做。有时候员工能力很强，组织也为员工做好工作提供了资源，但员工不愿意做，俗话说的“有劲不愿使”就是这种状态。员工的价值观、动机、需求等影响着员工思维模式。

要诊断组织在员工思维模式方面是否存在问题，可以思考如下问题。

（1）员工的价值观如何？

（2）员工的思维模式如何？

（3）组织有建立和落实期望价值观的方法吗？

如果发现员工思维模式出了问题，可以视情况考虑从高层管理者的行为、员工激励计划、绩效管理、员工敬业度调查、员工满意度调查、客户满意度调查等角度来实施改善。

2. 员工治理方式

员工治理方式决定了员工可不可以做，或者说组织容不容许员工做。有时候员工很想做，也具备做好的能力，但受限于流程制度、汇报关系、工作权限等不可以做，俗话说的“看着干着急”就是这种状态下的感受。

要诊断组织在员工治理方式方面是否存在问题，可以思考如下问题。

（1）当前的组织结构能否支撑战略？

（2）组织的流程制度是否需要优化？

（3）组织的关键业务流程是否足够简单？

（4）组织内的信息交流和沟通渠道是否通畅？

（5）组织为员工提供的资源和支持是否足够？

（6）组织有没有给员工足够大的舞台，以便其发挥自己的专长和能力？

如果发现员工治理方式出了问题，可以通过组织结构变化、流程梳理、客户管理、知识管理等来实施改善。

3. 员工能力

员工能力决定了员工会不会做。有时候员工想做，组织也给员工提供了做好的条件，但奈何员工的知识、素质或技能水平有限，做不好，俗话说的“爱莫能助”就是这种状态下的感受。

要诊断组织在员工能力方面是否存在问题，可以思考如下问题。

（1）组织需要员工具备什么样的能力？

（2）员工具备组织实现战略需要的能力吗？

（3）组织是如何引进、培养和保留人才的？

（4）当员工能力不达标时，组织是如何做的？

如果发现员工能力出了问题，可以通过岗位胜任力模型建设、导师制、人才培养计划、人才梯队建设、员工引入机制、员工培养和淘汰机制等来实施改善。

举例

国内某大型火锅餐饮连锁品牌H公司以服务著称，H公司的发展壮大与其组织能力强有较深刻的联系。

1. 员工思维模式

H公司强调把员工当家人。

H公司的主要创始人说：“我觉得人心都是肉长的，你对人家好，人家也就对你好；只要想办法让员工把公司当成家，员工就会把心放在顾客身上。”

H公司奉行员工也是顾客的理念，认为服务好员工，也是服务好顾客，因此非常关注员工的衣食住行。例如，H公司给员工租住的房间有空调和暖气，员工的人均居住面积不小于6平方米。不仅如此，员工在20分钟之内可以从宿舍步行至工作地点。

H公司强调双手改变命运。只要用心努力工作，任何员工都可以在H公司获得职业上的发展和薪酬上的提升。

H公司采取的一系列对员工的关怀措施，让员工思维模式符合H公司的价值观，也让员工自发地想要做好工作。

2. 员工治理方式

H公司通过标准化的流程和制度，保证内部管理和顾客服务的有效性；通过扁平化的组织机构设计，让内部的管理关系变得简单；给了员工充足的权限，保证员工能够对顾客提供个性化的服务。

3. 员工能力

为保证员工的能力达标，H公司建立了完善的人才培养机制；通过师带徒机制，让员工能力不断提升。

4.2 数量预测：人力资源供需测算

常见的人力资源供需测算方法有9种，分别是马尔可夫矩阵测算、人才升降数量测算、人才成长指数测算、人才引进指数测算、财务成本规划测算、劳动效率发展测算、德尔菲趋势预测法、关键能力需求预测、定位与人数需求预测。

4.2.1 矩阵分析：马尔可夫矩阵测算

马尔可夫矩阵测算又叫马尔可夫分析法（Markov Analysis），最早是由俄国数学家安德雷·安德耶维齐·马尔可夫（Андрей Андреевич Марков）提出的。简单地说，马尔可夫矩阵测算就是根据数据当前的变化情况，来预测数据未来的变化情况。

在人力资源管理中，马尔可夫矩阵测算主要用在人力资源数量变化的预测分析上，主要是通过对人力资源的升职、降职、离职等数据的现状总结或未来预测，来推测分析人力资源数量的变化趋势。

举例

某实体零售上市公司人力资源的主要组成是线下实体店的员工。按照职级划分，其员工可以分为店长、处长、主管、组长和员工5个类别。该公司运用马尔可夫矩阵测算来分析实体店中各职级员工人数的变化趋势，如表4-2所示。

表4-2 某公司实体店各职级员工人数变化的马尔可夫矩阵测算

职级 年初人数	店长	处长	主管	组长	员工	离职预测（含淘汰）
店长 600人	留存率82% 留存492人	降职率4% 降职24人	降职率3% 降职18人	降职率1% 降职6人	—	离职淘汰率10% 离职60人

续表

职级 年初人数	店长	处长	主管	组长	员工	离职预测 （含淘汰）
处长 1 200 人	晋升率 10% 晋升 120 人	留存率 82% 留存 984 人	降职率 3% 降职 36 人	降职率 2% 降职 24 人	降职率 1% 降职 12 人	离职淘汰率 12% 离职 144 人
主管 3 600 人	晋升率 1% 晋升 36 人	晋升率 9% 晋升 324 人	留存率 70% 留存 2 520 人	降职率 4% 降职 144 人	降职率 1% 降职 36 人	离职淘汰率 15% 离职 540 人
组长 7 200 人	—	晋升率 1% 晋升 72 人	晋升率 9% 晋升 648 人	留存率 70% 留存 5 040 人	降职率 5% 降职 360 人	离职淘汰率 15% 离职 1 080 人
员工 14 400 人	—	—	晋升率 1% 晋升 144 人	晋升率 9% 晋升 1 296 人	留存率 65% 留存 9 360 人	离职淘汰率 25% 离职 3 600 人
年末情况 预测	648 人	1 404 人	3 366 人	6 510 人	9 768 人	

该公司对实体店员工人数分析的马尔可夫矩阵分成 4 个部分。

（1）最左端纵向部分是年初时，实体店中各职级员工的人数。

（2）最右端纵向部分是对当年员工离职率和离职人数的预测。这里的离职率包括了员工主动离职率和被动离职率（公司淘汰）。

（3）中间部分是各类员工的晋升率、降职率，及对应的晋升人数和降职人数变化情况的预测，以及考虑离职率之后，对留存率和留存人数的预测。

（4）最下端横向部分是对年末各职级员工人数的预测，其中的每个数字都是纵向上某职级晋升人数、留存人数或降职人数的和。

其中，留存率 =100%− 晋升率 − 降职率 − 离职淘汰率。

某职级的晋升人数 = 该职级年初人数 × 晋升率。

某职级的降职人数 = 该职级年初人数 × 降职率。

某职级的离职淘汰人数 = 该职级年初人数 × 离职淘汰率。

某职级的留存人数 = 该职级年初人数 × 留存率。

该公司的晋升与降职都存在“跨级”的情况。其中店长职级实际也存在晋升到更高职级的情况，本案例为简化说明，没有体现这一点。读者实际运用马尔可夫矩阵测算时，可以将公司所有职级列在一个马尔可夫矩阵中。

根据马尔可夫矩阵中关于不同职级晋升率、降职率、离职淘汰率的经验数据，该公司能够预测出年末各职级员工的人数情况。根据发展战略，该公司可以进一步判断在此基础上不同职级的人力资源数量应如何调整。

使用马尔可夫矩阵测算进行人力资源数量预测分析时，常见的时间周期一般为 1 年，对人力资源数量变化的预测周期可以更长，除了 1 年后的人力资源数量情况，还可以根据需要预测 3 年后、5 年后的人力资源数量情况。但预测的时间跨度越大，准确度越低。

4.2.2　优化替换：人才升降数量测算

很多公司实行优胜劣汰的用人措施，对于优秀的员工会采取晋升激励，对于较差的员工可能会采取降职或淘汰措施。当然，公司的降职或淘汰制度需合法合规。判断员工优秀或较差通常要考虑员工的绩效、态度和能力情况。

公司根据当前不同员工呈现出的晋升、留存、降职、淘汰和离职情况，能够预测未来员工的变化趋势，从而判断公司某段时期后对不同类型人才的需求情况。

举例

某公司员工职级分为店长、处长、主管、组长和员工 5 类。该公司每年按照 A、B、C、D 对员工进行绩效评定。其中绩效评定结果为 A 类代表最优，绩效评定结果为 D 类代表最差。根据不同职级年度绩效评定的情况，以及该公司往年不同绩效评定结果人数的变化情况，进行人才测算，如表 4-3 所示。

表 4-3　某公司人才升降数量测算

当前职级	类型	年初人数	A 类人数	B 类人数	C 类人数	D 类人数	年末人数	年末人数与年初人数差异
店长	总人数	600	60	120	360	60	458	142
	晋升人数	32	20	12	0	0		
	留存人数	394	34	96	272	10		
	降职人数	50	0	0	28	10		
	淘汰人数	60	0	0	24	30		
	离职人数	64	6	12	36	10		
处长	总人数	1 200	120	240	720	120	960	240
	晋升人数	64	40	24	0	0		
	留存人数	730	68	192	456	32		
	降职人数	120	0	0	84	30		

续表

当前职级	类型	年初人数	A 类人数	B 类人数	C 类人数	D 类人数	年末人数	年末人数与年初人数差异
处长	淘汰人数	126	0	0	80	34	960	240
	离职人数	160	12	24	100	24		
主管	总人数	3 600	360	720	2 160	360	2 960	640
	晋升人数	180	108	72	0	0		
	留存人数	2 480	216	576	1 600	88		
	降职人数	220	0	0	100	120		
	淘汰人数	240	0	0	160	80		
	离职人数	480	36	72	300	72		
组长	总人数	7 200	720	1 440	4 320	720	6 260	940
	晋升人数	360	216	144	0	0		
	留存人数	4 840	432	1 152	3 120	136		
	降职人数	560	0	0	300	260		
	淘汰人数	580	0	0	400	180		
	离职人数	860	72	144	500	144		
员工	总人数	14 400	1 440	2 880	8 640	1 440	10 410	3 990
	晋升人数	1 200	800	400	0	0		
	留存人数	9 850	440	2 130	6 940	340		
	降职人数	0	0	0	0	0		
	淘汰人数	1 300	0	0	500	800		
	离职人数	2 050	200	350	1 200	300		

在人才的优化替换方面，该公司对不同职级的员工有5种不同的应对方式，分别是晋升、留存、降职、淘汰。对于绩效较优的员工，该公司会根据员工的能力和态度情况实施晋升或留存；对于绩效较差的员工，该公司会根据员工的能力和态度情况实施降职或淘汰。

表4-3中某个职级的年末人数＝该职级留存人数＋下一职级晋升人数＋上一职

级降职人数。

为简化计算，本案例未考虑跳级晋升的情况，也未考虑跳级降职的情况。读者应用时可以根据公司实际情况进行操作，例如可以将表 4-3 中的“晋升人数”改为“晋升一级人数”“晋升二级人数”“晋升三级人数”等，将“降职人数”改为“降职一级人数”“降职二级人数”“降职三级人数”等。

通过表 4-3 中的数据能够看出，在综合考虑晋升、留存、降职、淘汰和离职的情况后，该公司能够根据年初不同职级的人数情况，预测年末不同职级的人数情况，得到年末人数与年初人数的差异，从而得到人力资源需求预测。

4.2.3 培养数量：人才成长指数测算

人才的成长情况影响着人力资源的供给情况。公司值得培养的后备人才数量越多，人才培养的成功率就越高。人才的成长情况可以用人才成长指数表示，人才成长指数代表着公司培养人才的能力。

某职级的人才成长指数 = 平均每年某职级培养成功的人数 ÷ 该职级年初的人数。

某职级的人才成长指数可以简单理解为公司每年为该职级培养人才的能力。人才成长指数越大，代表公司每年为该职级培养人才的能力越强；人才成长指数越小，代表公司每年为该职级培养人才的能力越弱。当然，利用人才成长指数预测培养数量时，还要看该职级的原有人数。

举例

某零售公司人力资源的主要组成是线下实体店的员工，岗位主要的管理职级包含店长、处长、主管、组长 4 类。该公司每年都会针对不同职级设置一部分待晋升到该职级的培养人才。

该公司不同管理职级人才成长指数测算如表 4-4 所示。

表 4-4 某零售公司不同管理职级人才成长指数测算

职级	年初人数	在培养待晋升到该职级的人数	下一级晋升该职级的培养期 / 年	培养成功率	培养成功人数	人才成长指数
店长	600	360	2	20%	72	0.12
处长	1 200	520	2	25%	130	0.11
主管	3 600	1 200	1	30%	360	0.10
组长	7 200	2 600	1	30%	780	0.11

注：表 4-4 中的数据与 4.2.2 节表 4-3 中的数据无联系，所有数据只为演示算法。

表 4-4 中“下一级晋升该职级的培养期”为人才相关规划需求的数据，并非计算人才成长指数需要的数据。虽然店长和处长的培养期为 2 年，但由于人才培养是滚动运行的，每年都有人才培养成功，每年都有下一批待培养的人才，所以计算人才成长指数时不需要考虑培养期。但在做人才培养计划和人力资源规划时，需要考虑人才培养期。

表 4-4 中“在培养待晋升到该职级的人数”并非对应职级包含的人数，而是从比对应职级更低的职级中选拔出的值得培养到该职级的人数。这类人才在公司中一般被称为后备人才、储备人才或储训人才，也可以被称为接班人。

表 4-4 中的“培养成功率”是与“在培养待晋升到该职级的人数”对应的。“培养成功人数”为“培养成功率”与“在培养待晋升到该职级的人数”相乘的结果。

在表 4-4 中，某职级人才成长指数 = 该职级培养成功人数 ÷ 该职级年初人数。

得到人才成长指数后，我们就可以据此预测该公司未来某职级人才的补充能力。在预测某职级第 2 年、第 3 年的人才数量时，还要考虑该职级人才的晋升率、离职率、淘汰率等。人才成长指数可以与马尔可夫矩阵联系在一起应用。

4.2.4 外部引入：人才引进指数测算

人才成长的主要功能是从内部为公司提供人才，人才引进的主要功能则是从外部为公司引进人才。虽然内部人力资源供给渠道非常重要，但对于很多公司来说，外部人力资源引进渠道同样非常重要。

人才引进指数正是进行外部人力资源引进情况分析的重要指标，代表着公司引进某类人才的能力。人才引进指数能够用来预测公司未来一段时间人才引进的数量情况。

人才引进指数 = 实际引进的人才数量 ÷ 期望引进的人才数量。

人才成长指数与当前人才数量相关，而人才引进指数与当前人才数量无关，与期望引进的人才数量相关。

举例

某零售公司人力资源的主要组成是线下实体店的员工，该公司主要招聘的岗位有店长、处长、主管、组长、员工 5 类。该公司对人才引进指数测算及对明年招聘人数的测算如表 4-5 所示。

表 4-5　某零售公司人才引进指数测算及对明年招聘人数的测算

岗位	年初人数	当年招聘需求人数	当年招聘人数	人才引进指数	明年招聘需求人数预测	明年招聘人数预测
店长	600	108	70	0.65	150	97

续表

岗位	年初人数	当年招聘需求人数	当年招聘人数	人才引进指数	明年招聘需求人数预测	明年招聘人数预测
处长	1 200	250	180	0.72	400	288
主管	3 600	700	500	0.71	900	643
组长	7 200	1 200	800	0.67	1 500	1 000
员工	14 400	3 000	2 100	0.70	4 000	2 800

在表 4-5 中，人才引进指数 = 当年招聘人数 ÷ 当年招聘需求人数，明年招聘人数预测 = 明年招聘需求人数预测 × 人才引进指数。

其中，明年招聘需求人数预测是该公司根据明年的战略规划预测的招聘人数。

在应用人才引进指数时需注意，影响外部人才引进效率的因素比影响内部人才成长效率的因素更多。人才的外部引进效率不仅与公司的人力资源管理能力有关，还与公司岗位对外部人才的吸引力有关；不仅与外部市场的人才供给情况有关，还与公司从事人才引进工作的人员数量与质量等有关。

人才引进指数测算和人才成长指数测算中都暗含着一种假设，就是公司引进人才、培养人才的能力和效率是固定的。在内外部情况变化比较小的公司当中，用这种计算方法进行人才供给的预估是成立的。但是对于内外部情况变化比较大的公司，需要综合考虑内外部情况的变化，进行详细分析。

4.2.5　人工费用：财务成本规划测算

财务管控型的公司可以根据财务预算中的人工费用预算及人均人工费用，计算可以达到的人力资源最高数量（最高人数）。这种计算方法既可以以公司为单位进行整体计算，也可以以部门为单位进行计算。

最高人数 = 年度人工费用预算 ÷ 年化人均人工费用。

举例

某生产制造业集团公司有 10 家子公司，该集团公司对子公司实施财务管控。集团公司财务中心在 11 月前根据集团公司整体的战略方向和业务导向，制定下一年的财务成本规划测算，其中包含对各子公司各部门人工费用预算。

该集团公司对 A 子公司的人工费用预算与人力资源需求测算如表 4-6 所示。

表 4-6　某集团公司对 A 子公司人工费用预算与人力资源需求测算

部门	下一年人工费用预算 / 元	该部门年化人均人工费用 / 元	下一年预计最高人数	当前人数	下一年需求人数
生产管理部	14 344 600	70 000	205	180	25

续表

部门	下一年人工费用预算 / 元	该部门年化人均人工费用 / 元	下一年预计最高人数	当前人数	下一年需求人数
技术工艺部	3 618 400	150 000	24	18	6
设备管理部	865 600	80 000	11	8	3
采购管理部	382 700	90 000	4	4	0
销售管理部	1 631 800	120 000	14	12	2
财务管理部	247 500	80 000	3	3	0
行政人事部	247 500	80 000	3	3	0

在表 4-6 中，下一年预计最高人数 = 下一年人工费用预算 ÷ 该部门年化人均人工费用。

利用不同部门下一年人工费用预算与该部门年化人均人工费用，能够计算出该部门下一年预计可以招聘的最高人数。根据当前人数的情况，可以计算出下一年的需求人数。

需注意，按照财务成本规划测算出的下一年需求人数并非实际需要招聘的人数，而是可以招聘的最高人数。如果子公司在当前人数下能够满足战略需求，可以选择不实施招聘。所以在运用财务成本规划测算计算人力资源需求时，还需要根据实际情况判断人力资源需求，不能只采信财务数据的计算结果。

运用财务成本规划测算人力资源需求的逻辑本质上是财务管理的逻辑，这种计算方法有助于从财务管理的角度管控人工成本，不容易出现人力资源过量使用的问题。上市公司比非上市公司的业绩压力更大，对财务结果的敏感度更高，所以财务成本规划测算常见于很多上市公司。

按照财务成本规划测算需求人数的方法具有如下优点。

（1）计算原理较简单，数据获取相对较容易。

（2）既可以整体测算，又可以分部门测算。

按照财务成本规划测算需求人数的方法也存在一些缺点，具体如下。

（1）对财务成本预算管理水平较低的公司来说并不适用。

（2）计算结果仅供参考，不能直接用于人力资源需求判断。

4.2.6 人效趋势：劳动效率发展测算

劳动效率也可以用来计算人力资源需求情况。

劳动效率 = 销售额 ÷ 人数。

劳动效率发展测算就是根据当前劳动效率的情况及劳动效率的变化趋势或目标，通过设定销售预算或目标，计算出人力资源需求人数，或需求人数的范围。

举例

某集团公司拥有5家子公司，该集团公司利用劳动效率计算5家子公司的人力资源数量情况。根据5家子公司的当前劳动效率情况和目标劳动效率情况，得到5家子公司的人数范围如表4-7所示。

表4-7　某集团公司利用劳动效率计算5家子公司的人数范围

子公司	预算销售额/万元/月	当前劳动效率/万元/（人·月）	按当前劳动效率计算人数	目标劳动效率/万元/（人·月）	按目标劳动效率计算人数	人数范围
A	480	8.5	56	9.2	52	52 ~ 56
B	600	7.4	81	8.6	70	70 ~ 81
C	800	9.6	83	10.4	77	77 ~ 83
D	900	7.9	114	8.8	102	102 ~ 114
E	1 000	6.8	147	7.4	135	135 ~ 147

在表4-7中，当前劳动效率是根据子公司去年的销售额和人数计算出的劳动效率。目标劳动效率是子公司制定的劳动效率目标，是劳动效率提高的方向。子公司的人数范围是根据预算销售额，按照当前劳动效率和目标劳动效率计算出的，子公司的人力资源总数可以落在这个人数范围内。

在应用劳动效率发展测算时，需要注意口头上说的营业额和销售额有时是指一个意思，但其实它们含义不同。严格来说，营业额的概念大于销售额。例如某公司的主营业务是汽车销售，那么销售额就是这家公司卖汽车得到的销售收入。但这家公司还拥有商业房产可外租，此时产生了租金收入。租金收入属于营业额，但不属于销售额。

在计算劳动效率的时候，一般应用销售额比营业额更多。因为销售额代表着主营业务中的一群人一起经营一件事，最后得到的成绩。而营业额可以包括很多非主营业务收入、非经常性损益，也可以包括很多资产或资本带来的收益，这些收益不完全由劳动创造，或者说和公司中大多数员工从事的经营活动关系不大。

劳动效率发展测算比较适合应用在对用人数量比较敏感、对人数控制比较严格、追求劳动效率不断提高的公司当中。

4.2.7　专家意见：德尔菲趋势预测法

德尔菲趋势预测法即德尔菲法（Delphi Method），又叫专家调查法，这种方法最早是在1946年由美国兰德公司（RAND）采用的。德尔菲法的本质是根据多轮的专家访谈、归纳、总结、反馈达成一致意见，从而预测趋势。这种方法不仅可以用在人力资源管理方面，在军事、教育、医疗等领域的运用也比较广泛。

早期在不同领域运用德尔菲趋势预测法时，专家是匿名的，专家在达成统一意见之前彼此间不得相互交流，其他专家的意见会被反馈给各个专家，各专家参考其他专家的意见、理由和数据，再次思考和提出自己的意见。这样做的好处是能够消除专家的权威性带来的影响。后来的德尔菲趋势预测法逐渐转变为让专家们面对面讨论和实现信息互通。

在人力资源需求预测方面，德尔菲趋势预测法的通用流程如图 4-4 所示。

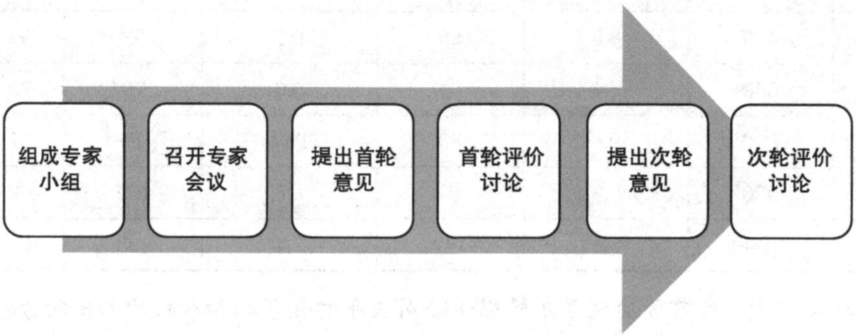

图 4-4 德尔菲趋势预测法的通用流程

1. 组成专家小组

针对某类人力资源需求预测，找到相关专家组成专家小组。专家小组至少应包括具有决策权的管理者（例如公司“一把手”）、人力资源专家（例如人力资源部门负责人）、业务专家（例如业务部门负责人）、财务专家（例如财务部门负责人）、技术专家（例如技术部门负责人）。必要时，也可以选择外部专家。专家小组的基本配置代表着从不同角度对人力资源需求提出的意见。

2. 召开专家会议

召开专家会议，主持人提前说明讨论规则，所有专家应根据自己掌握的信息提出对人力资源需求的意见。在一位专家提出意见后，其他专家不得发表任何反对意见，但可以针对该意见补充提问，以获得更多信息。专家的发言顺序应是低职级到高职级，具有决策权的管理者应最后发言。

3. 提出首轮意见

每位专家根据讨论规则，分别提出自己对人力资源需求的具体意见。专家提出意见时，不能仅说明个人意见，还要说明个人意见背后的原因，所有意见都要有数据或事实支撑。意见要明确，要包含具体的数字和包含对现状的分析，不能模棱两可，不能随大流。

4. 首轮评价讨论

在所有专家提出意见后，进入评价讨论环节，所有专家讨论彼此的不同意见，找到不同意见产生的原因，澄清各自意见的内涵，并提供相应的数据支持，争取能在讨论的最后基本达成一致意见。

在评价讨论环节需注意，主持人要引导专家发言，控制讨论局面，不能让职级较低的专家迫于压力转变意见。所有转变意见的专家都要提出自己转变意见的理由。如果主持人无法有效控制场面，让少数职级较高或权威度较高的专家主导整个讨论过程，则很可能表明这个环节是失败的。

5. 提出次轮意见

在首轮评价讨论结束后，主持人要求所有专家再次提出对人力资源需求的意见。提出次轮意见的流程参照提出首轮意见的流程。

6. 次轮评价讨论

在提出次轮意见后，主持人观察所有专家的意见是否趋于一致。如果意见不一致，则参照首轮评价讨论环节再次开展次轮评价讨论，各位专家针对不同意见继续讨论。

在次轮评价讨论的环节，如果专家最终仍然没有达成一致意见，则可以继续开展第 3 轮、第 4 轮乃至更多轮的提出意见和评价讨论。如果专家最终达成一致，则可以宣布流程结束。

4.2.8 人岗匹配：关键能力需求预测

岗位胜任力模型可以为人力资源规划提供依据，帮助公司发现人力资源需求。公司雇用人才实际上是雇用人才的能力。人才的经历、职位、头衔等本质上是为能力服务的，人才具备公司需要的能力时，才是公司需要的人才。如果人才不具备公司需要的能力，不论人才曾经有多么辉煌的经历，对公司来说都是没有价值的。

公司要确定对某类岗位人才的数量需求，首先可以盘点对该岗位的能力需求，尤其是从事该岗位不可或缺的关键能力需求。公司首先针对当前人才与关键能力的匹配情况实施盘点分析，然后根据人才能力培养效率的相关数据预估人才能力培养的成功率，从而判断对某类关键能力的需求。

如果公司对某类关键能力的需求较大，内部供给不足，代表公司需要通过外部招聘来引进这种能力。关键能力需求预测不仅能够帮助公司确定人才的需求数量，而且可以聚焦人才需求的具体类型。

举例

某公司近期出现发展放缓、业绩下滑的情况，经营管理问题频发，严重影响战略目标的实现。经过综合评估，公司判断这与当前中层管理团队的能力不足有很大关系。为此，该公司针对战略需求设计了中层管理团队的能力需求类型和能力等级要求，如表 4–8 所示。

表 4–8 某公司中层管理团队的能力需求类型和能力等级要求

能力需求类型	能力定义	能力等级要求
组织领导力	在公司发展战略的指导下，设定科学合理的工作目标，合理调度人、财、物资源，带领团队及时、高质量地完成业绩目标	4
团队建设与凝聚能力	促进冲突有效解决，营造高效、合作、和谐的工作氛围，培养员工的合作精神与团队精神	3
培养与发展他人的能力	发现员工工作中的不足并及时给予培训与指导，帮助员工学习与进步	3
沟通协调能力	积极主动与顾客、员工、公司进行沟通，发现问题并追溯源头，予以解决	4
营销能力	做好周边市场及竞争对手的分析，挖掘顾客需求，采取差异化策略，进行有效的产品宣传与销售	3
岗位专业能力	熟悉业务，掌握与职责有关的知识与技能	4
数据分析能力	精通数据统计与分析，挖掘有价值信息，发现潜在问题，并将分析结论运用到实际工作之中，提升门店经营业绩	4

该公司的中层管理干部共600人，为提升中层管理干部的整体能力水平，该公司对他们实施了岗位能力等级评估，得到结果如表 4–9 所示。

表 4–9 某公司 600 名中层管理干部能力等级评估表

能力需求类型	能力等级要求	处在 4 级人数	处在 3 级人数	处在 2 级人数	处在 1 级人数	待培养人数
组织领导力	4	300	150	100	50	300
团队建设与凝聚能力	3	100	400	100	0	100
培养与发展他人的能力	3	100	300	100	100	200
沟通协调能力	4	300	200	100	0	300

续表

能力需求类型	能力等级要求	处在4级人数	处在3级人数	处在2级人数	处在1级人数	待培养人数
营销能力	3	50	300	200	50	250
岗位专业能力	4	420	120	60	0	180
数据分析能力	4	240	180	140	40	360

从表4-9中能够看出，当前600名中层管理干部的能力处在不同的等级。有的能力需求类型中，符合能力等级要求的人数较多，不符合能力等级要求的人数较少，有的则刚好相反。

该公司中层管理干部各种能力需求类型的重要性是不同的，该公司高层团队经过讨论，认为组织领导力、营销能力和数据分析能力是三大核心能力。这三大核心能力直接影响着公司能否达成战略目标。如果中层管理干部的其他能力有所缺失，公司可以接受，但如果这三大核心能力缺失，公司将不能接受。

该公司根据往年对不同能力培养的成功率，对中层管理干部三大核心能力的培养补充情况进行了分析，如表4-10所示。

表4-10　某公司中层管理干部三大核心能力的培养补充情况

核心能力类型	能力合格人数	待培养人数	能力培养成功率	能力培养成功人数	能力培养后合格人数	与当前在岗人数（600人）的差距
组织领导力	300	300	70%	210	510	90
营销能力	350	250	80%	200	550	50
数据分析能力	240	360	80%	288	528	72

表4-10中，“与当前在岗人数（600人）的差距”的最大值（90人），就是该公司需要考虑从外部补充的人才数量。从外部招聘人才时，该公司应当重点考察人才的组织领导力、营销能力和数据分析能力，或者具备这3种能力的潜质，能够在较短时间内培养成功的人才。

通过关键能力需求预测，公司不仅在人才补充的数量上有了依据，而且在人才补充的质量和评判标准上也有了具体要求；不仅在人才入职后对人才培养的方向有了侧重点，而且在外部人才转正时对人才的评价有了标准。

4.2.9 角色匹配：定位与人数需求预测

公司除了可以利用能力需求进行人力资源需求预测，还可以利用角色进行人力资源需求的预测。公司在还没成立时或针对还未开展的新业务时，配置人力资源数量时因为存在大量的未知情况，很难准确设计具体的岗位或职责。在这种情况下，运用岗位胜任力模型实现人岗匹配或通过人才画像实现人人匹配都是比较难的。此时可以运用岗位管理中角色的概念，实现角色匹配。

角色匹配是运用角色的功能性，对人力资源需求进行定位，根据定位选拔出适合担任该角色的人才。角色匹配中的角色可以是一个比较模糊的概念，它不需要像岗位胜任力模型一样具备非常明确的等级或具体的要求，就能实现对人力资源需求的预测。

举例

某移动互联网公司已经成功开发了多款App，在某细分市场比较成功。近期，该公司准备开发一款新的功能型App。根据该公司的经验，新App项目团队参照以往App项目团队的人员配置，需要的角色、角色定位和人数预测如表4-11所示。

表4-11 新App项目团队需要的角色、角色定位和人数预测

序号	角色	角色定位	项目需求人数	公司内部提供人数	对外需求人数
1	项目总负责人	对整个团队负责，对整个项目负责，是整个项目团队的最高负责人和最终责任人，在项目团队中拥有最高权限	1	1	0
2	产品项目经理	负责项目中特定产品的规划、定位，带领与产品相关的开发人员开展工作，引领产品开发工作	3	1	2
3	开发人员	负责产品的开发工作，根据产品项目经理对产品的规划，实现产品的预期功能	24	14	10
4	视觉呈现设计人员	负责产品的功能结构排布和视觉呈现，保证产品功能呈现完整，界面友好，操作简单	2	1	1
5	功能测试人员	负责产品功能测试，寻找产品开发和使用环节中呈现的问题或潜在问题，促进产品功能完善	1	1	0
6	产品运维人员	产品正式上线后，负责产品的稳定运行，定期维护产品，根据用户服务人员反馈的问题及时进行调整	6	6	0

续表

序号	角色	角色定位	项目需求人数	公司内部提供人数	对外需求人数
7	推广运营人员	负责产品上线后的推广工作，增加用户数量，定期组织各类活动，保证现有用户的活跃度	8	0	8
8	用户服务人员	负责用户服务工作，解答用户疑问，处理用户的投诉，定期整理和分析负面评价，并反馈给产品运维人员	2	0	2
9	人力资源管理人员	负责整个项目团队的人才招聘、选拔、培养、调配、考核、激励、评价等工作	1	1	0

由于对人才需求的时间点不同，新App项目团队中的人才能够实现相互流动。在开发工作结束后，产品运维人员可以由开发人员担任。另外，新App项目团队的部分人员可以由公司现有人员担任或兼任，所以该项目实际的对外需求人数并不等于项目需求人数。

4.3 人力规划：人力资源规划方法

制定人力资源规划是为了承接和满足组织总体的战略发展要求，促进人力资源管理工作更好开展，提高人力资源管理的工作效率，让组织的目标和员工个人发展的目标达成一致。人力资源规划是为组织战略服务的，要制定人力资源规划，首先要有清晰明确的组织战略。如果没有清晰明确的组织战略，人力资源规划则无从谈起。

4.3.1 人才规划：保障组织人才供给

很多人力资源管理者在实施人力资源管理工作时，只听从组织“一把手”的指示，对人力资源管理工作没有明确的规划，以至于在工作中除了完成常规事务性工作，常出现不知道该做什么的情况。到了年底或年初，很多人力资源管理者不知道该如何制定人力资源规划，也不知道人力资源规划如何与其他人力资源管理工作匹配。

人力资源规划有狭义和广义两种含义。

狭义的人力资源规划指的是人员的配置计划、补充计划和晋升计划，也就是和人力资源招聘与使用有关的计划。

广义的人力资源规划除了这3项，还包括员工的培训与发展计划、薪酬与激励计划、绩效管理计划、福利计划、职业生涯规划、援助计划等，也就是和组织人力资源管理相关的一系列计划的总和。

不论是狭义的人力资源规划，还是广义的人力资源规划，实施的目的都是实现目标。对于越远期的目标，人力资源管理者越应该关注一些宏观的、长远的、愿景的维度；对于越近期的目标，人力资源管理者越应该关注一些具体的、短期的、可操作的、可执行的维度。首先根据目标制定行动计划，然后具体实施，并且做出评估。

本书的人力资源规划，主要是指狭义的人力资源规划。

人力资源规划来源于组织的战略规划，从战略规划到人力资源供给与需求预测，再到确定人员的净需求量，从而确定人力资源规划的目标，在正式实施人力资源规划后，通过评估反馈做到对人力资源规划的改进。

制定人力资源规划的通用流程如图 4-5 所示。

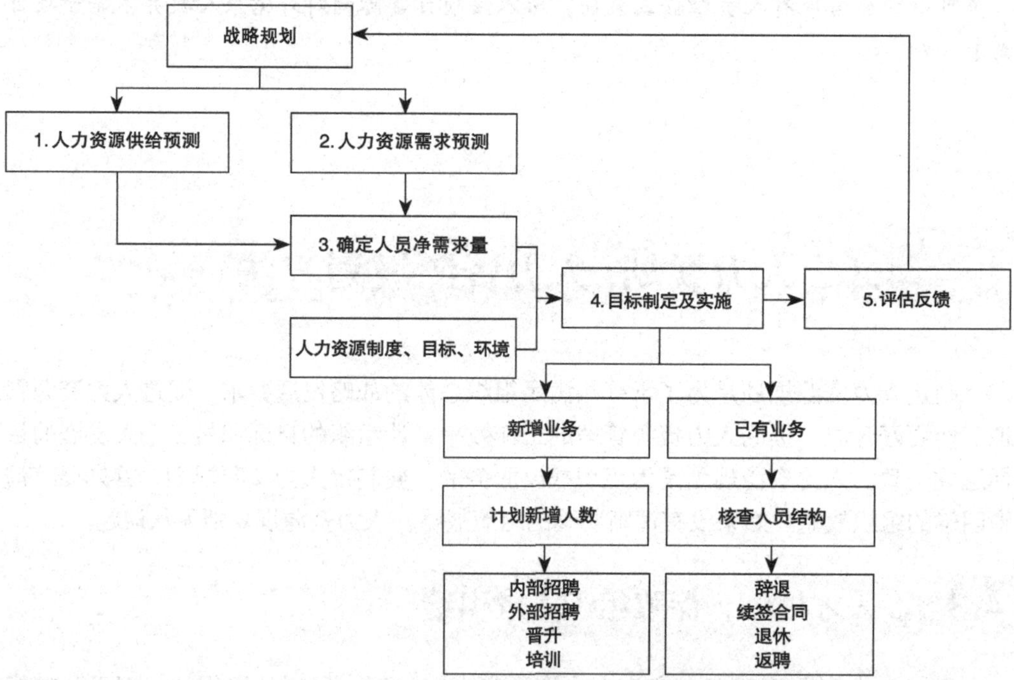

图 4-5　制定人力资源规划的通用流程图

1. 人力资源供给预测

影响人力资源供给的因素包括组织所在地区的人力资源状况、经济发展水平、相关法律法则，组织自身的雇主品牌和岗位吸引力等。

2. 人力资源需求预测

影响人力资源需求的因素包括组织的发展状况、组织人员的流动率、员工工作的满意度、社会经济发展状况等。

3. 确定人员净需求量

人员净需求量＝人员需求预测－人员供给预测。确定人员净需求量，要充分考虑组织的人力资源管理现状。

4. 目标制定及实施

制定及实施人力资源规划目标时，要考虑组织的人力资源制度、目标、环境，要考虑组织的新增业务和已有业务。对于新增业务来说，要计算计划新增的人数；对于已有业务来说，要核查当前人员结构。

5. 评估反馈

有评估反馈才会有改进，对人力资源规划质量的评估主要看人力资源规划对战略规划的支撑情况。如果人力资源规划能够支撑战略规划，代表人力资源规划是成功的。

4.3.2 五大关键：人力规划实施维度

要实施人力资源规划，有 5 个维度需要关注，分别是价值、目标、基础、资源和任务，如图 4-6 所示。

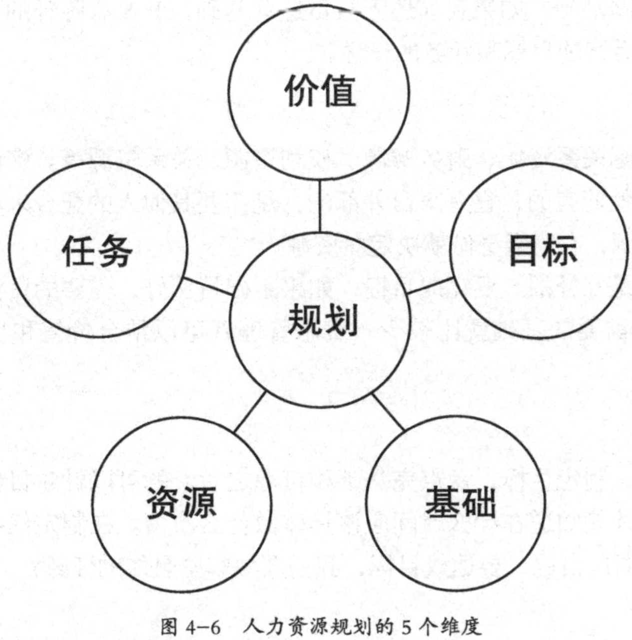

图 4-6 人力资源规划的 5 个维度

1. 价值

没有价值，一切规划和计划都没有意义。在制定人力资源规划的时候，一定要关注价值。每个人都因为自己有价值，才能被别人雇用或与别人合作。这里的价值，可以是一个定量的值，也可以是一个定性的状态。

人力资源管理者可以不断问自己：我希望收获哪些价值？这些价值是不是我想要的？这些价值真的能满足公司人力资源管理的需要吗？

2. 目标

要制定计划，就要先明确对应的目标；要实现价值，同样需要先明确对应的目标。目标是把所有抽象的概念具体化的重要工具。

制定目标要遵循 SMART 原则，也就是目标要是具体的、可以衡量的、可以达到的、与其他目标具有一定相关性的、有明确截止期限的。

在不同的时间点，制定目标时关注的重点是不一样的。在评估这些目标的完成情况时，也有一定的侧重点。

3. 基础

基础就是为了完成目标，团队或个人需要具备的知识、技能、素质。基础通常是人力资源管理者自身能控制的，是通过主观努力就能提高的部分。如果当前团队或个人基础比较弱，可以通过学习快速补足。

人力资源管理者要结合目标和价值来审视和盘点基础，同时要不断地问自己：要实现目标需要哪些基础？如果目前还不具备这些基础，有没有弥补的计划？这个弥补计划也可以作为后续的目标和任务的一环。

4. 资源

资源包括人际关系资源、财务资源、权利资源、关系资源等。资源通常不是人力资源管理者想有就能有的，它是来自外部的，是需要其他人的配合来获得的。有时候职位就决定着资源，有时候身份就决定着资源。

基础和资源是互补的。要完成目标，如果基础特别好，需要的资源就比较少；如果资源特别好，需要的基础就比较少。资源管理者可以结合价值和目标盘点基础和资源。

5. 任务

在聚焦价值、制定目标，盘点完基础和资源之后，就可以针对目标制定具体的任务。有了任务，才能知道在什么时间应该具体做什么事情。在制定任务的环节，人力资源管理者要不断问自己：要达成目标，我需要做哪些具体的任务？

4.3.3　5 个步骤：人力规划实施流程

人力资源规划的实施流程可以分成 5 步，如图 4-7 所示。

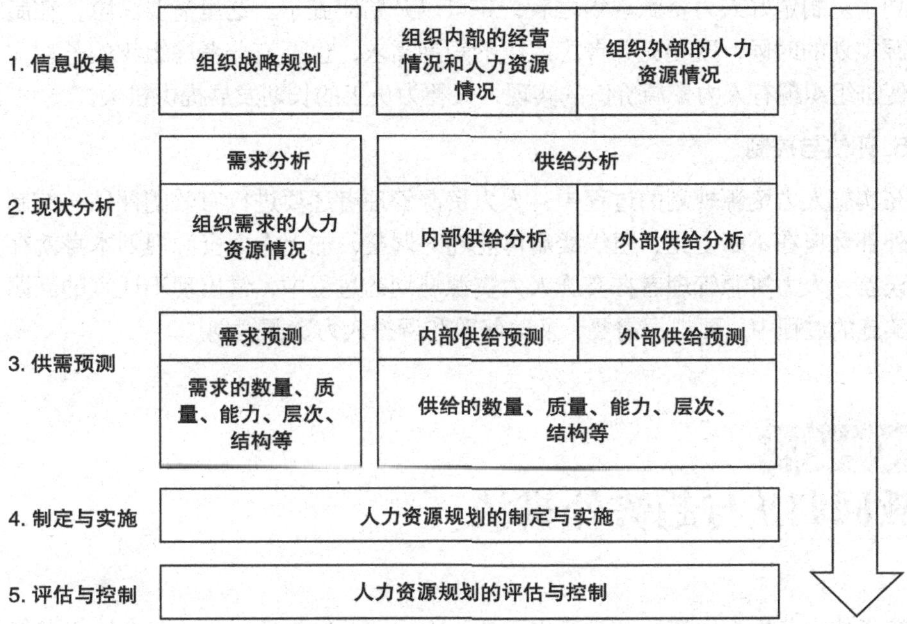

图 4-7　实施人力资源规划的 5 个步骤

1. 信息收集

第 1 步，人力资源管理者要收集信息，主要包括组织的战略规划、内部经营状况及内外部的人力资源情况等各类相关信息。收集的信息要全面、真实、有效。组织的战略规划应包含市场、产品、技术、扩张等经营管理层面的全部规划。

2. 现状分析

第 2 步是对所有收集到的信息进行整理分析。如果要制定狭义的人力资源规划，那么可以只针对人力资源的数量做重点分析。如果要制定广义的人力资源规划，那么要对人力资源管理的方方面面进行详细的分析。

3. 供需预测

根据第 2 步的分析，在第 3 步，人力资源管理者就能对人力资源未来的供需情况做出预测。如果要制定狭义的人力资源规划，可以通过定量或定性方法，对人力资源的供需状况进行预测。在预测前，需要对当前的人力资源情况进行盘点，包括人力资源的数量、质量、能力、层次、结构等，从而掌握当前的存量情况，在盘活存量的基础上，预测未来的增量情况。如果要制定广义的人力资源规划，根据需要，预测的维度通常很多。

4. 制定与实施

根据前 3 步的分析和预测，第 4 步人力资源管理者就可以制定比较具体的人力资源规划了。制定好人力资源规划之后，就可以开始实施了。这里需要注意，在制定人力资源规划的时候，既要充分考虑组织的短期需求，也要充分考虑组织的长期需求，既要促进组织现有人力资源价值的实现，又要为员工的长期发展提供机会。

5. 评估与控制

在实施人力资源规划的过程中，人力资源管理者还要进行有效的评估与控制。由于内外部环境在不断变化、组织战略可能随时调整，加上人力资源规划本身就存在一定的误差，人力资源管理者在实施人力资源规划的过程中，常出现不适宜的问题。所以在实施的过程中，要根据需要，及时修改和调整人力资源规划。

典型误区

函数回归法与趋势外推法

在实战中分析人力资源数量变化趋势和人力资源供需情况时，有个比较典型的误区，就是通过函数回归法或趋势外推法分析人力资源变化情况。

如果只研究“纸面人力资源管理”，函数回归法或趋势外推法也许具备一定的可取之处，但现实中经济环境复杂多变，函数回归法或趋势外推法在人力资源管理实战中往往并不适用。

函数回归法与趋势外推法都是试图通过公司不同年份的人数情况，判断公司在未来某年份的人数情况，初始的数据如表 4-12 所示。

表 4-12　函数回归法与趋势外推法的初始数据

年份	20×1	20×2	20×3	20×4	20×5	20×6	20×7	20×8	20×9
x（第 N 年）	1	2	3	4	5	6	7	8	9
y（总人数）	8 500	8 700	9 000	10 000	11 000	12 000	13 500	14 000	15 000

“纸面人力资源管理”采用函数回归法与趋势外推法的原理都是根据以往年份的人力资源数量变化情况，通过函数拟合模拟测算，寻找人力资源数量与年份之间存在的某种函数关系，从而判断未来人力资源的数量变化趋势或需求情况。

函数回归法与趋势外推法常用的函数类型如表 4-13 所示。

表 4-13　函数回归法与趋势外推法常用的函数类型

序号	函数类型	函数模型
1	一次函数	$y=ax+b$
2	二次函数	$y=ax^2+bx+c$
3	三次函数	$y=ax^3+bx^2+cx+d$
4	幂函数	$y=ax^b+c$
5	指数函数	$y=ab^x+c$
6	对数函数	$y=a\log_a x+b$
7	反比例函数	$y=a/x+b$

注：表 4-13 中 y 为总人数，x 为时间（通常用第 N 年表示），a、b、c 分别为拟合函数的变量值。

实践证明，函数回归法或趋势外推法这类尝试通过某种函数公式测算人力资源数量变化趋势的方法是不管用的。这种方法在公司外部经济环境稳定、内部发展状况稳定的情况下也许是成立的，但现实中几乎不存在这种状况，真实情况是外部经济环境变化莫测，公司发展的不确定性越来越大。

函数回归法或趋势外推法的问题主要源自这两种方法的底层逻辑。这两种方法的底层逻辑是寻找人力资源数量与年份之间的变化关系，而不论数字呈现出的结果如何，这二者之间显然并不存在逻辑上的相关关系，更不存在因果关系。

第5章 岗位分析与岗位价值评估

岗位分析与岗位价值评估是从岗位管理层面来提升人效的重要工作。岗位分析是岗位管理的前提。通过岗位分析，组织能够测算岗位的工作效率。岗位价值评估是薪酬管理的基础。通过岗位价值评估，组织能够给重要岗位提供更进一步的激励。

5.1 效能提升：岗位分析与提高效率

岗位分析是全方位了解岗位的前提。全面掌握岗位信息，便于做好岗位管理，从而提升岗位效能。岗位分析常见的方法有 4 种，分别是观察记录分析法、岗位访谈分析法、工作实践分析法和问卷调查分析法。通过岗位分析，组织不仅可以重新审视岗位的价值，也可以整理出岗位的标准作业程序，同时可以确定部门和员工的工作饱和度，从而提高员工的工作效率。

5.1.1 旁观动作：观察记录分析法

观察记录分析法是通过对观察对象工作内容的观察和记录来进行岗位分析的方法。首先对实际从事岗位的特定对象进行观察，把该岗位有关工作各部分的内容、原因、方法、程序、目的等信息记录下来，然后把取得的岗位信息归纳整理为合适的文字资料。

虽然通过观察记录分析法取得的信息比较广泛、客观，但这种方法实施起来并不简单。实施观察记录分析法要求观察人不仅要有足够的经验，而且要在必要的时候懂得提问和纠偏。

观察记录分析法比较适合用于工作内容标准化程度比较高，变化性和创新性比较小的岗位，不适宜用于变化性和创新性比较大、循环周期比较长和以脑力劳动为主的岗位。另外，观察人不了解的岗位也不适合用观察记录分析法。

运用观察记录分析法时，除了记录现状，还可以发现并分析员工作业的每个动作，判断哪些动作是产生价值的，哪些动作是无价值甚至是产生副作用的，然后对员工的作业动作进行持续修正，让员工在未来的工作中保持正确的动作，减少错误的动作，规范作业流程，从而显著提高生产效率、降低成本。

若要实施观察记录分析法，首先需要选择一个观察人，然后开始观察、记录、分析员工的每一个作业动作。观察人其实不一定需要人力资源管理者亲自担任，也可以找掌握这套方法的其他人担任。观察记录分析法的关键其实在于观察和记录的过程。责任心比较强，对岗位有一定了解的人适合担任观察人。

实施观察记录分析法的流程分成以下 3 步。

1. 选择观察对象

选择观察对象时一般应选择相对比较优秀的员工，员工的优秀程度一般应在中位值以上。

一般来说，优秀程度处在 75 分位值（比 75% 的同类岗位员工优秀）左右的对象是最佳观察人选。因为这类员工比较优秀，但又不是特别优秀，适合把他们的劳动效率或工作方法当成标杆在公司中推广。实施观察记录分析法时要注意保持客观，能用数据表示的应尽量用数据表示。

2. 开始实施观察

观察人开始观察后，要记录观察对象的作业内容。观察人要对观察对象的作业动作进行分解和分类，找到正确的作业动作和错误的作业动作。为保证观察记录结果的准确性，在实施观察记录分析法的过程中，观察人可以帮助员工改变错误的作业动作，让员工按照正确的动作来实施作业。

3. 形成观察结果

在观察一段时间后，观察人形成观察结果。在实施观察记录分析法后，根据记录的作业动作和作业效率，组织可以把作业动作固化、标准化，形成标准作业程序。观察人还可以观察员工实施标准作业程序，也就是观察员工按照正确的作业动作实施作业之后的工作效率，并记录关键数据。

5.1.2　对话交流：岗位访谈分析法

岗位访谈分析法是通过访谈人和岗位任职人员的谈话来收集岗位相关的信息资料，进而进行岗位分析的方法。岗位访谈可以采取单独面谈的方法，也可以采取团体面谈的方法；可以当面访谈，也可以通过电话访谈。

岗位访谈分析法比较适合用在工作内容标准化程度比较低，变化性和创新性比较大的岗位，例如人力资源管理岗位就属于变化性和创新性比较大的岗位。当然也不排除有一些事务性工作比较多的人力资源管理岗位，其工作内容的标准化程度可能比较高。

一些专业门槛比较高的技术岗位，或者很难通过外部直接进行观察的岗位，又或者观察人不了解的岗位，都适合采用岗位访谈分析法。

实施岗位访谈分析法，需要访谈人掌握比较好的访谈技巧。

实施岗位访谈分析法的流程分成以下 4 步。

1. 面谈准备

岗位访谈人在为面谈做准备时，要注意明确面谈的目标，要事先做好时间约定，事先准备好面谈需要的相关问题和资料，提前通知被访谈者并让其做好准备，面谈的地点最好选择在不受干扰的地方。

2. 面谈开头

在面谈开始前，岗位访谈人要解释面谈的目的，营造一个比较宽松的环境和友好的氛围，告知对方在整个面谈过程中自己可能需要做必要的笔记；访谈时要去除偏见，不要带着个人观点问问题，通过比较全面提出问题的方式，获得对岗位工作的总体认知；要始终保持面谈的礼仪，在面谈的过程中保持和被访谈者的目光接触。

3. 面谈过程

岗位面谈是一种事实挖掘类的面谈，它的目的是获得事实，而不是获得某种观点，更不是获得某种偏见。所以岗位访谈人要注意引导整个面谈过程，把被访谈者带入整个面谈的主题中，让对方针对问题回答事实，而不是回答个人的观点，同时给对方留出足够的思考时间。

在岗位面谈的过程中，为了防止被访谈者不断表达个人观点或情绪，岗位访谈人要不断澄清事实，使用沟通中的提问和倾听技巧，同时及时与被访谈者澄清所有没有表达清楚的内容。

4. 面谈结束

面谈结束时，岗位访谈人要核查自己是否已经获得所需的所有信息；总结关键信息，询问被访谈者是否还有话说；这时候如果还有内容不够清楚，可以继续追加询问；面谈结束后，要礼貌地感谢对方付出的时间和精力。

岗位访谈人可以在与被访谈者面谈后，与这个岗位的直属上级再进行一次沟通，向其反馈对这个岗位进行访谈的内容。在一些因为上下级信息不对称造成的认知差异问题上，岗位访谈人可以和这个岗位的直属上级进行讨论。

岗位访谈人在访谈时，根据访谈要求的不同可以采取两种方式。第 1 种是提问式，也就是提出问题要求对方回答，例如“在什么样的情况下你需要获得上级的批准？”第 2 种是陈述式，也就是直接要求被访谈者就某一问题进行陈述，例如“请你告诉我……”

根据问题的性质，提问可以分成以下两种方式。

（1）开放式提问。这种提问对回答的内容完全不做限制，给了被访谈者自由发挥的空间，例如“你的日常工作主要包括哪些内容？”

（2）封闭式提问。这种提问的回答通常有“是”或“否”两种，或者其他给定的选项，例如“你是否负有人员管理的职责？”

一般来说，岗位访谈刚开始时是信息扩充的过程，可以多用一些开放式提问。岗位访谈进行到一定程度后是信息提炼的过程，可以适当用一些封闭式问题。

根据提问内容和时机，提问可以分成以下 4 种方式。

（1）探究式，也就是对同一个问题进行追问，以获得全面、透彻的了解，例如

"在组织用户活动中具体包括哪几个环节？"

（2）连接式，也就是对一个问题上下游或有关联的其他问题进行追问，例如"在完成了用户小站现场安装后，还需要做什么后续工作吗？"

（3）澄清式，也就是对有疑问的问题进行复述以确认自己准确理解了被访谈者想表达的意思，例如"你的意思是你只有权审批 500 元以下的费用报销单，是吗？"

（4）总结式，也就是在被访谈者基本完成陈述后，总结其陈述内容，予以确认并追问是否有遗漏，例如"你刚才介绍了这个岗位的主要工作包括……，还有其他需要补充的吗？"

访谈人要注意避免使用以下 4 种提问方式。

（1）诱导性问题。例如"我觉得你不喜欢督导你的员工，是吧？"

（2）连珠炮问题。例如"你的日常工作是哪些？你每周要接触多少客户？下多少个订单？有没有权限审批费用？"

（3）偏见式陈述。例如"库管岗位是不是常常没什么事干啊？"

（4）多选式问题。例如"你是每周、每月、每 2 个月，还是每季度与客户见一次面？"

5.1.3 实际参与：工作实践分析法

工作实践分析法，也叫工作参与分析法，指的是岗位分析人员实际从事待研究岗位的工作，在工作过程中掌握有关岗位的一手资料。岗位分析人员采用这种方法有助于切身体会岗位工作的实际任务，以及岗位在体力、环境、社会等方面的要求，能够细致、深入、全面地体验岗位的工作实践。

工作实践分析法适用于短期内可以掌握、技能门槛比较低、比较容易上手的岗位，或者岗位分析人员原本就比较熟悉的岗位。但那些技术难度比较高、需要接受大量训练才能掌握的岗位，或者危险系数比较高的岗位不适合采取这种方法。

实施工作实践分析法的优点是可以实现岗位分析人员与岗位的零距离接触。这时候，岗位分析人员获得的岗位信息比使用其他所有岗位分析方法获得的都更真实，他们的感触更深，能获得一些使用其他岗位分析方法没办法获取到的信息与感受。

实施工作实践分析法的缺点是由于岗位分析人员自身知识和能力的限制，这种方法的应用范围比较窄，这就决定了很多技能门槛比较高的岗位很难应用工作实践分析法。而且与其他岗位分析方法相比，这种方法需要的时间成本也比较高。

岗位分析人员在实施工作实践分析法时需注意以下 3 点。

1. 信息价值

使用工作实践分析法获得的信息并非绝对正确。通过浅尝辄止式的工作实践，岗位分析人员虽然可以体验岗位的实际工作，但有可能只能了解岗位实际工作的皮毛，获得的信息很可能并不能代表岗位全貌。

2. 使用成本

工作实践分析法的使用成本比较高，而且适合实施的岗位有限，所以这种方法一般不应单独使用，而应与观察记录分析法或岗位访谈分析法配合使用。多种岗位分析方法配合使用能够实现信息验证和相互补充。

3. 实施质量

工作实践分析法的实施质量和岗位分析人员自身的经验水平有很大的关系，工作经验比较丰富的人比工作经验比较少的人更适合采用工作实践分析法。

如果有两个岗位分析人员可以选择，且这两人其他条件一样，唯一不同的是 A 比 B 的工作经验更多，那么使用工作实践分析法进行岗位分析时，A 往往会比 B 获得更深刻的思考和感受，能看到更多的信息。

5.1.4 填写信息：问卷调查分析法

问卷调查分析法是根据岗位工作分析的目的、内容，编写结构化的调查问卷表，并将调查问卷表发放给岗位任职者，由岗位任职者填写后，收集并整理信息，提炼出岗位分析所需信息的方法。

有以下 3 种情况比较适合采用问卷调查分析法。

（1）拥有比较好的人力资源管理基础，已经具备岗位分析的基础数据信息。

（2）已经对岗位有一定了解，需要补充收集信息，让信息更完善。

（3）需要分析的岗位种类和数量较多，没有时间实施其他岗位分析方法。

岗位分析用到的通用问卷调查样表如表 5-1 所示。请在仔细思考后，认真回答表内问题。

表 5-1 岗位分析用到的通用问卷调查样表

类别	序号	问题	作答
设置目的	1	你认为这个岗位设置的目的和初衷是什么？这个岗位为什么需要存在？	
	2	你认为这个岗位能给公司提供什么价值？	
工作关系	3	这个岗位的上级是谁？上级岗位有什么职责？上级岗位还管哪些人？	
	4	这个岗位需要和哪些平级部门 / 岗位 / 同事联络？	
	5	这个岗位有哪些下级？有多少人？	
内部联络	6	这个岗位与上级之间的主要联络内容是什么？上级的要求是什么？在与上级的联络中，这个岗位的输入和输出主要是什么？	

续表

类别	序号	问题	作答
内部联络	7	这个岗位与平级之间的主要联络内容是什么？在与平级的联络中，这个岗位的输入和输出主要是什么？	
	8	这个岗位与下级之间的主要联络内容是什么？在与下级的联络中，这个岗位输入和输出主要是什么？	
外部联络	9	这个岗位需要和哪些外部组织打交道？	
	10	这个岗位在与外部组织打交道时，主要的输入和输出是什么？	
工作权限	11	这个岗位的权限有多大？能做什么？不能做什么？	
工作职责	12	这个岗位主要的工作职责内容是什么？	
具体任务	13	对应工作职责，这个岗位有哪些具体的工作任务？	
绩效指标	14	这个岗位有哪些绩效指标？这些指标分别代表什么含义？	
	15	除了绩效指标，还有哪些评判这个岗位工作成果的方法？	
复杂程度	16	这个岗位的工作有多复杂？有多难？	
受到监督	17	谁来监督这个岗位的工作？	
	18	谁来评判这个岗位的工作成果？	
	19	谁来管控这个岗位的工作过程？	
岗位胜任	20	这个岗位需要从业人员具备什么样的教育背景？	
	21	这个岗位需要从业人员具备什么样的从业经验？	
	22	这个岗位需要从业人员具备什么样的知识结构？	
	23	这个岗位需要从业人员具备什么样的工作能力？	
	24	这个岗位需要从业人员具备什么样的个性特征？	
工作环境	25	这个岗位工作环境的空气、温度、湿度状况如何？	
	26	这个岗位的工作环境有没有噪声、辐射、污染、异味？	
	27	这个岗位的工作环境是否能使从业人员保持比较适宜的状态？工作环境对人体是否存在危害？	
工作时间	28	这个岗位的正常上班时间是几点到几点？	
	29	这个岗位是否需要经常加班？加班的时长如何？	
工作地点	30	这个岗位大多数时间的工作地点在哪里？	
	31	这个岗位是否需要出差？出差的频率如何？	
工作设备	32	这个岗位需要用到哪些设备？	

表 5-1 展示了比较全面的岗位分析调查内容，组织也可以根据实际需要来设计问卷调查表，增加或减少问卷调查表的内容。

在实施问卷调查分析法时，需要注意以下 3 点。

1. 优先级低

由于所获取信息质量的不可控性，问卷调查分析法一般被认为是优先级比较低的岗位分析方法。能够采取观察记录分析法、岗位访谈分析法或工作实践分析法时，应当优先选择这 3 种方法实施岗位分析，或者把问卷调查分析法作为这 3 种岗位分析方法的信息补充方法。

2. 宣导教育

为了保证所获取信息的质量，在实施问卷调查分析法前，有必要在公司内部开展一定的宣导教育。必要时，公司的高层管理者可以出面宣导，让被调研人重视调查问卷的填写工作。

3. 信息核对

为验证所获取信息的质量，在实施问卷调查分析法收集到相关信息后，应当进行一定的信息核对，核对当前掌握的岗位信息与问卷调查信息的差异。如果发现很多问卷调查信息存在明显问题，很可能说明填写调查问卷的人没有认真对待，这类信息不能采信。

与员工满意度调查中采取的匿名调查问卷不同，在岗位分析中应用问卷调查分析法时，可以采取实名的调查问卷填写方式。实名填写调查问卷有助于增加问卷填写者对调查问卷的重视。当然如果公司出于其他因素考虑，也可以采取匿名填写的方式。

5.1.5 形成标准：标准作业程序

标准化是生产管理过程中保证产品生产高效率和高质量的有效方式。通过岗位工作量分析，组织不仅能够测算出岗位的工作量，还能够重新审视岗位存在的价值，同时整理出岗位的标准作业程序。

标准作业程序就是把某项工作分解成具体的操作步骤，再把这些操作步骤标准化、规范化，形成用来指导日常工作的方法。标准作业程序是一种操作层面的动作，是具体的、可操作的，而不是简单的理念。有效实施标准作业程序，可以减少资源浪费，稳定产品质量，也能在一定程度上降低成本和风险。

标准作业程序并不是一成不变的，组织应在实践操作过程中不断对其进行总结、优化和完善。通过对每个岗位标准作业程序的优化，团队整体的工作效率都将得到提高。标准作业程序的实施流程如下。

1. 设计流程

首先设定工作目标，然后根据工作目标设计工作流程。注意工作流程的优化，保留必要流程，去掉冗余流程。

2. 明确步骤

把流程分解成具体的操作步骤。注意操作步骤要细化到每一个作业动作，同时要注意体现安全性。确定好操作步骤之后，标准作业程序就基本形成了。

3. 开始执行

对员工进行培训，使其熟悉当前的标准作业程序。为了时刻提醒员工，可以设计操作看板，或者形成操作清单，要求员工在每完成一步操作之后打钩确认。

4. 不断修正

员工在执行刚制定出来的标准作业程序时，难免会遇到各种问题。这时组织需要评估和整改问题，不断完善标准作业程序，并提升其价值。

一套完整的标准作业程序通常包含以下 6 个要素。

（1）物料，包括使用什么样的物料？物料的用量是多少？如何检验物料是否合格？

（2）工具，包括使用什么样的工具？工具的规格是什么？工具的使用规范是什么？

（3）设备，包括使用什么样的设备？如何保养设备？使用设备有哪些注意事项？

（4）步骤，包括有哪些具体的步骤？每个步骤的先后顺序是什么？

（5）人员，包括需要多少人共同操作？操作时需要谁配合？

（6）安全，包括操作时有哪些安全注意事项？可能发生哪些紧急状况？发生紧急状况时如何处理？

5.1.6　提高效率：工作饱和度评估

组织要想帮助各业务部门提高工作效率，就应当分析岗位的基本情况，了解岗位工作的具体内容，与岗位的员工一起分析每项工作内容，有针对性地提高每项工作的效率。这时可以用到工作分析与效率提高表，如表 5-2 所示。

表 5-2　工作分析与效率提高表

发生频率	工作性质	工作内容	工作用时	日均用时	日均用时占比	提高效率的方法	效率提高后日均用时	效率提高后日均用时占比

表 5-2 中的“发生频率”指的是工作内容对应的频率，可以是每天、每周或每月。

“工作性质”指的是工作内容对应的性质，根据分析改进的需要，可以是固定性质的工作或非固定性质的工作，也可以是管理型工作或事务型工作，还可以是独立工作或团队工作。

“工作内容”指的是岗位主要的工作任务，也可以是岗位的关键职责。

“工作用时”指的是完成每项工作任务需要的工作时间。

“日均用时”指的是用工作用时除以发生频率之后得到的工作时间。这里需注意，当发生频率大于每天时，应用实际工作日的时间进行计算，不应把休假日算在内。

“日均用时占比”指的是工作内容对应的日均用时除以日均用时之和所得的比率。这个比率能够反映工作内容的分配情况是否合理，是判断工作内容的日均用时是否需要调整的依据。

“提高效率的方法”指的是对每项工作内容的实际情况进行分析后，得出的每项工作内容效率提高的方法。

“效率提高后日均用时”指的是实施提高效率的方法后，日均用时的情况。此时的日均用时有可能减少，代表效率提高成功；有可能不变，代表效率提高没有成功；也有可能增加，代表效率提高不但没有起到正面效果，反而起到了反面效果。

“效率提高后日均用时占比”指的是效率提高后日均用时除以效率提高后日均用时之和所得的比率，可以用于判断效率提高后工作内容用时占比是否达到预期。

举例

某公司人力资源部门分管招聘工作的专员对自己的工作做了分析，并针对每项工作的内容和用时情况，结合公司和部门目标，制定出提高工作效率的方法，并对提高工作效率后的情况做了统计，如表 5-3 所示。

表 5-3　某公司人力资源部门分管招聘工作专员工作分析与效率提高样表

发生频率	工作性质	工作内容	工作用时	日均用时	占日均实际工作量的比例	实现工作效率提高的方法	工作调整后用时	工作调整后日均用时	工作调整后占日均实际工作量的比例
每天	固定	面试	5	5	59.17%	（1）…… （2）……	4	4	61.07%
每天	固定	发布招聘信息	1	1	11.83%	（1）…… （2）……	0.5	0.5	7.63%
每天	非固定	指导实习生	0.5	0.5	5.92%	（1）…… （2）……	1	1	15.27%

续表

发生频率	工作性质	工作内容	工作用时	日均用时	占日均实际工作量的比例	实现工作效率提高的方法	工作调整后用时	工作调整后日均用时	工作调整后占日均实际工作量的比例
每周	固定	参加人力资源部门周例会	8	1.6	18.93%	（1）…… （2）……	4	0.8	12.21%
每月	固定	与劳务派遣公司结算	4	0.2	2.37%	（1）…… （2）……	3	0.15	2.29%
每月	非固定	猎头、劳务派遣费用审批、流转	3	0.15	1.78%	（1）…… （2）……	2	0.1	1.53%
合计				8.45	100%			6.55	100%

工作分析与效率提高的方法不仅适用于各岗位员工评估自身的工作并提高工作效率，也适用于各部门借助这个工具评估自身的工作并提高工作效率。

5.2 实践案例：使用观察记录分析法分析工作量

对一些工作量比较容易量化的岗位，可以使用观察记录分析法实施工作量分析。为验证使用观察记录分析法所获取信息的准确性，可以总结出标准化的工作步骤，对一些岗位采用工作实践分析法，亲自上手操作，进一步保证数据的可用性。

本节以笔者团队为某连锁零售公司实施的咨询项目为例，介绍使用观察记录分析法和工作实践分析法进行工作量分析的案例。

5.2.1 理货岗位工作量分析

该公司中人员数量最多的岗位类别是超市卖场的理货岗位。理货岗位不是一种单一的岗位，而是对一系列岗位的统称。超市卖场内除了生鲜区域，在食品、非食品等区域需要管理货架商品的岗位都属于理货岗位。

理货岗位的工作内容并不复杂，工作频率呈现出一定的规律，除了日常的卫生清扫、防损、销售，以及执行一些卖场规范工作流程，其 80% 的工作为上货（补货）、理货（整理商品）和卖场陈列等。

超市卖场分成不同的柜组，相当于不同的部门。不同柜组负责的商品种类不同，这种不同造成了不同柜组的理货员在相同的工作流程下，所消耗的时间和工作效率可能是不同的。所以我们在进行理货岗位工作量分析时，是按照柜组分别观察分析的。

例如，对糕点糖果柜组理货岗位工作效率的分析如表 5-4 所示。

表 5-4　某公司糕点糖果柜组理货岗位工作效率分析

柜组	中类	货架位置	箱包数	理货件数/SKU	理货时间/秒	理货工作效率/个/（人·分）
糕点糖果	休闲食品（挂、袋）	底层	30	10	60	10
			32	16	80	12
			24	24	120	12
		中层	30	10	81	7
			30	10	70	9
			50	10	60	10
		上层	10	20	115	10
			10	20	115	10
	饼干	底层	24	19	150	8
			24	24	210	7
			24	48	200	14
		中层	24	24	170	8
			24	24	160	9
			30	80	330	15
	膨化（袋）	底层/中层	20	10	95	6
			48	12	109	7
			32	12	133	5
			32	22	120	11
			20	12	65	11

续表

柜组	中类	货架位置	箱包数	理货件数/SKU	理货时间/秒	理货工作效率/个/（人·分）
糕点糖果	膨化（袋）	上层	16	8	105	5
			16	8	105	5
	膨化（桶）	底层/中层	24	24	117	12
			24	19	110	10
			48	20	90	13
			24	16	96	10
		上层	24	21	100	13
			24	10	90	7
			24	12	120	6
理货工作效率的平均值						9

对调味速食柜组理货岗位工作效率的分析如表5-5所示。

表5-5　某公司调味速食柜组理货岗位工作效率分析

柜组	中类	货架位置	箱包数	理货件数/SKU	理货时间/秒	理货工作效率/个/（人·分）
调味速食	盐、榨菜、醋（袋）	底层	60	60	120	30
			30	60	165	22
			100	28	100	17
			30	30	75	24
			60	60	120	30
		中层	50	20	110	11
			100	16	60	16
	罐头	底层	12	24	110	13
			12	24	110	13
		中层	12	8	55	9
			12	6	45	8

续表

<table>
<tr><th>柜组</th><th>中类</th><th>货架位置</th><th>箱包数</th><th>理货件数/SKU</th><th>理货时间/秒</th><th>理货工作效率/个/（人·分）</th></tr>
<tr><td rowspan="25">调味速食</td><td rowspan="2">罐头</td><td rowspan="2">上层</td><td>12</td><td>12</td><td>81</td><td>9</td></tr>
<tr><td>24</td><td>9</td><td>75</td><td>7</td></tr>
<tr><td rowspan="8">醋、酱油（塑料瓶）</td><td rowspan="3">底层</td><td>12</td><td>12</td><td>90</td><td>8</td></tr>
<tr><td>12</td><td>12</td><td>60</td><td>12</td></tr>
<tr><td>6</td><td>6</td><td>60</td><td>6</td></tr>
<tr><td rowspan="2">中层</td><td>6</td><td>6</td><td>100</td><td>4</td></tr>
<tr><td>12</td><td>12</td><td>140</td><td>5</td></tr>
<tr><td rowspan="3">上层</td><td>12</td><td>12</td><td>70</td><td>10</td></tr>
<tr><td>12</td><td>12</td><td>90</td><td>8</td></tr>
<tr><td>12</td><td>12</td><td>90</td><td>8</td></tr>
<tr><td rowspan="8">醋、酱油、橄榄油（玻璃瓶）</td><td rowspan="2">底层</td><td>12</td><td>12</td><td>110</td><td>7</td></tr>
<tr><td>12</td><td>6</td><td>35</td><td>10</td></tr>
<tr><td rowspan="3">中层</td><td>6</td><td>6</td><td>100</td><td>4</td></tr>
<tr><td>18</td><td>18</td><td>110</td><td>10</td></tr>
<tr><td>12</td><td>6</td><td>45</td><td>8</td></tr>
<tr><td rowspan="3">上层</td><td>12</td><td>12</td><td>90</td><td>8</td></tr>
<tr><td>12</td><td>12</td><td>120</td><td>6</td></tr>
<tr><td>12</td><td>12</td><td>90</td><td>8</td></tr>
<tr><td rowspan="6">食用油（桶）</td><td rowspan="2">底层</td><td>4</td><td>4</td><td>25</td><td>10</td></tr>
<tr><td>4</td><td>4</td><td>45</td><td>5</td></tr>
<tr><td rowspan="2">中层</td><td>4</td><td>4</td><td>36</td><td>7</td></tr>
<tr><td>4</td><td>3</td><td>41</td><td>4</td></tr>
<tr><td rowspan="2">上层</td><td>16</td><td>16</td><td>150</td><td>6</td></tr>
<tr><td>6</td><td>6</td><td>65</td><td>6</td></tr>
</table>

续表

柜组	中类	货架位置	箱包数	理货件数/SKU	理货时间/秒	理货工作效率/个/（人·分）
调味速食	面条（袋）	底层	15	15	120	8
			15	8	68	7
			15	7	61	7
			15	8	102	5
		中层	15	9	79	7
			18	11	60	11
		上层	20	20	90	13
			20	10	65	9
	方便面（桶）	底层/中层	12	12	70	10
			12	12	70	10
			12	12	45	16
		上层	12	12	65	11
			12	12	65	11
			12	12	65	11
			6	6	60	6
	方便面（袋）	底层	6	6	52	7
			6	6	60	6
		中层	6	6	80	5
			6	6	80	5
			6	6	42	9
		上层	12	12	65	11
			6	6	105	3
			6	6	70	5

续表

<table>
<tr><th>柜组</th><th>中类</th><th>货架位置</th><th>箱包数</th><th>理货件数/SKU</th><th>理货时间/秒</th><th>理货工作效率/个/(人·分)</th></tr>
<tr><td rowspan="8">调味速食</td><td rowspan="4">酱类（塑料瓶）</td><td rowspan="2">底层</td><td>20</td><td>10</td><td>80</td><td>8</td></tr>
<tr><td>12</td><td>12</td><td>110</td><td>7</td></tr>
<tr><td rowspan="2">中层</td><td>20</td><td>8</td><td>55</td><td>9</td></tr>
<tr><td>24</td><td>24</td><td>120</td><td>12</td></tr>
<tr><td rowspan="4">酱类（玻璃瓶）</td><td rowspan="2">中层</td><td>60</td><td>30</td><td>90</td><td>20</td></tr>
<tr><td>12</td><td>12</td><td>60</td><td>12</td></tr>
<tr><td rowspan="2">上层</td><td>24</td><td>24</td><td>120</td><td>12</td></tr>
<tr><td>15</td><td>9</td><td>80</td><td>7</td></tr>
<tr><td colspan="6">理货工作效率的平均值</td><td>10</td></tr>
</table>

该公司的所有商品采用品类管理，分成大类、中类和小类。其中，中类商品的属性相似度比较高，而且种类数量适中，适合进行调研分析。所以，笔者团队对所有理货岗位的工作量分析都细化到了商品的中类，这一点可以从糕点糖果柜组和调味速食柜组理货岗位的工作效率分析表中看出。

除了区分不同的中类商品，超市卖场的货架分成不同高度。当相同的商品摆放在不同高度的货架上时，理货的效率有可能是不同的，所以笔者团队按照理货岗位人员在货架的底层、中层和上层的工作效率分别记录数据。

对单位时间理货商品数量的统计，笔者团队选择的是“箱包数”而不是具体的商品件数。因为理货岗位人员在理货过程中的动作较快，如果以具体的商品件数来计算，难以做时间统计。用“箱包数”来统计一方面便于现场观察的数据统计，另一方面便于测算岗位编制的时候，从后台系统中抓取商品数据库的数据。

使用从后台系统导出的卖场每天销售货物箱包数的数据，能够计算出不同柜组需要的理货岗位人员数量。根据卖场不同时间段销售的货物箱包数的数据，能够计算出理货岗位最佳的排班安排及最佳的补货时间安排。

5.2.2 生鲜岗位工作量分析

该公司中人员数量排在第2位的岗位类别是超市卖场的生鲜岗位。许多民生商品是该公司的“拳头”商品，其价格与销量在市场中遥遥领先，其中包括大量的生鲜商品。在该公司的个别门店中，生鲜商品的销售额能够占到整个门店销售额的40%以上。

生鲜岗位指的也不是单一的岗位，而是按照岗位需要负责的商品种类划分的。生鲜岗位可以包括肉禽岗位、海产岗位、蔬果岗位等，每一种岗位都有不同的工作流程和特点。其中，肉禽和海产岗位有一定的专业性，对操作技能有一定的要求；蔬果岗位对操作技能的要求不高，比较容易上手，但需要了解不同种类蔬果的保鲜和售卖知识。

以生鲜岗位中的蔬果岗位为例，笔者团队在调研时，发现蔬果岗位除了在保鲜和售卖知识方面与非生鲜岗位不同，上货（补货）的流程与非生鲜岗位类似，上货频率比非生鲜岗位更高。

通过岗位工作量分析找到工作量的关联数据之后，可以从后台系统导出库存或销量数据，测算岗位工作量，从而测算出岗位人数需求。生鲜岗位工作量的分析方法与非生鲜岗位是相同的。

不同品类的蔬果特点不同，对蔬果岗位进行工作量分析的时候，笔者团队选择了几种典型的品类，并观察蔬果岗位员工围绕这些品类开展日常工作时的工作效率情况。蔬果岗位工作量分析样表如表 5-6 所示。

表 5-6　蔬果岗位工作量分析样表

<table>
<tr><td colspan="3">蔬菜组（圆葱）</td></tr>
<tr><td>工作类型</td><td>所耗时间 / 分</td><td>重量 / 千克</td></tr>
<tr><td>取推车、去仓库、回到货架</td><td>3</td><td rowspan="2">20</td></tr>
<tr><td>摆货</td><td>5</td></tr>
<tr><td colspan="3">A1=20/8=2.5 千克 / 分</td></tr>
<tr><td colspan="3">蔬菜组（茄子）</td></tr>
<tr><td>工作类型</td><td>所耗时间 / 分</td><td>重量 / 千克</td></tr>
<tr><td>取推车、去仓库、回到货架</td><td>0.28</td><td rowspan="2">10.56</td></tr>
<tr><td>摆货</td><td>4.5</td></tr>
<tr><td colspan="3">A2=10.56/4.78 ≈ 2.2 千克 / 分</td></tr>
<tr><td colspan="3">蔬菜组（小圆西红柿）</td></tr>
<tr><td>工作类型</td><td>所耗时间 / 分</td><td>重量 / 千克</td></tr>
<tr><td>取推车、去仓库、回到货架</td><td>1.63</td><td rowspan="2">10</td></tr>
<tr><td>摆货</td><td>1.78</td></tr>
<tr><td colspan="3">A3=10/3.41 ≈ 2.9 千克 / 分</td></tr>
</table>

续表

蔬菜组（菠菜）		
工作类型	所耗时间 / 分	重量 / 千克
挑出烂菜叶进行规整	34	8.5
出仓库、摆货	3.5	
A4=8.5/37.5 ≈ 0.2 千克 / 分		
蔬菜组（芹菜）（适用于不需修剪的捆绑类蔬菜）		
工作类型	所耗时间 / 分	重量 / 千克
捆绑择菜叶（平均时间）	0.9	7.5（15 捆）
出仓库、摆货	1	
A5=7.5/1.9 ≈ 3.9 千克 / 分		
蔬菜组（角瓜、苦瓜、头菜）		
工作类型	所耗时间 / 分	重量 / 千克
去筐，拿货到货架	0.92	1
摆货	0.2	
A6=1/1.12 ≈ 0.9 千克 / 分		

笔者团队根据对蔬果岗位工作量的调研，发现当根据特点把蔬果品类划分成不同品种（A1、A2、A3、A4、A5、A6……）的时候，可以避免因蔬果品种不一而出现工作效率差异问题，这样能够更准确地测算整个岗位的工作量。

笔者团队测算完蔬果岗位的工作量之后，只需要在后台系统中导出不同蔬果品种（A1、A2、A3、A4、A5、A6……）的库存数据（千克）和销量数据（千克），就能够计算出整个蔬果柜组的工作总量（分）；根据这个工作总量，可以计算出蔬果岗位需要的人数。

5.2.3 收款岗位工作量分析

该公司的收款岗位是超市卖场中人员数量排在第 3 位的岗位。收款岗位与理货岗位、生鲜岗位不同，它并不是一类岗位的统称，而是一个比较具体的岗位。每个门店除了有一人担任收款主管，其工作内容与收款岗位有所不同，其他所有收款岗位人员的工作内容和工作流程都是相同的。

收款岗位的工作流程比较单一，工作内容属于简单重复劳动。这使得收款岗位是超市所有岗位中工作量分析相对较简单，也较明确的。

笔者团队经过调研，发现理货岗位和生鲜岗位中都有个别具体岗位有20% ~ 40% 的工作难以量化，但收款岗位的工作量分析中用到的数据涵盖了其 95% 以上的工作内容。

收款岗位工作量分析样表如表 5-7 所示。

表 5-7　收款岗位工作量分析样表

收款员	收款件数	所耗时间 / 秒	平均每件所耗时间 / 秒
A	360	2 900	8
B	520	5 710	11
C	250	4 320	17
D	330	4 370	13
合计	1 460	17 300	12

根据收款岗位平均结算每件货物所用的时间，以及门店后台系统中不同时间段销售货物件数的历史数据，能够计算出门店在不同时间段需要的收款岗位人员数量，这便于门店做好收款岗位的人员安排。

收款岗位的工作量分析可以用在门店的排班和用工安排上，这种应用能够有效减少门店的人力资源成本，让门店更好地服务顾客。关于收款岗位排班和用工安排的案例，在笔者的《人力资源量化管理与数据分析》一书中有详细介绍。

5.2.4　装卸岗位工作量分析

该公司还有一类比较典型的岗位——装卸岗位，该岗位人员主要负责物流中心的货物装车（装货）和货物到达门店之后的卸车（卸货）工作。

装货工作发生在物流中心，一般以大批量货物或整件货物为主，有叉车和推车等工具辅助。笔者团队在计算装货过程的工作量时，直接测算的是装满一车货物所用的时间。

卸货工作发生在车辆到达门店后，该公司的门店在同一城市中分布得比较密集，一辆装载货物的车要分别途经多家门店卸货。装卸岗位人员负责将货物放置在门店的收货口处，门店收货人员负责检查和清点货物的质量和数量，并做收货处理。

为防止车辆在某门店卸货时间较长，整个卸货过程需要装卸岗位人员和门店收货人员的配合，装卸岗位人员和门店收货人员的数量应相匹配，同时工作效率要达到最高水平。对装卸岗位卸货过程的工作量进行分析，不仅决定着装卸岗位跟车人员的数量配置，还决定着门店收货人员的数量配置。

装卸岗位卸货过程工作量分析如表5-8所示。

表5-8 装卸岗位卸货过程工作量分析

日期	有无卸货平台	尾板升降总时间/秒	卸货时间/秒	卸货人数	来货件数	效率/分/件
20××-06-22	有	245	672	3	262	17.1
20××-06-23	有	230	965	3	364	18.3
20××-06-24	有	259	520	3	228	17.6
合计		734	2 157	3	854	17.7

根据装卸岗位卸货的工作效率及门店次日的订货量，能够计算出次日卸货过程需要安排的卸货人员数量和收货人员数量。

5.2.5 库管岗位工作量分析

笔者团队发现在该公司的不同仓库中，仓库管理员的数量是不同的。有的仓库面积大，当前在岗人数却比较少；有的仓库面积小，当前在岗人数却比较多。仓库管理员的数量与仓库面积的关联度不高，而与仓库的工作量有关。

那么，仓库管理员的配置数量应当与哪些数据有关呢？笔者团队调研后发现，该公司所有仓库根据需要分别存放着不同种类的物资，且每天物资出入库的频次不同。每次物资出入库时，仓库管理员都应当执行标准化的流程。

笔者团队经过对仓库管理员工作流程的观察调研，发现仓库管理员的工作量主要与物资出入库的频次及每次出入库物资的品类数量有关，与仓库管理员工作量最相关的两个数据，分别是平均每人每天的出入库单数和平均每人每天的出入库品类数。

该公司仓库管理员岗位工作量分析样表如表5-9所示。

表5-9 仓库管理员岗位工作量分析样表

仓库	现有仓库管理员人数	月度出入库单数总和	平均每人每天出入库单数（每月22天）	平均每人每小时出入库单数（每天8小时）	出入库品类数	平均每人每天出入库品类数	平均每人每小时出入库品类数	现存量（分管品类数）
A	2	674	15	1.9	1 035	24	2.9	63
B	2	1 513	34	4.3	2 883	66	8.2	340
C	2	507	12	1.4	1 095	25	3.1	590
D	2	562	13	1.6	2 423	55	6.9	502

续表

仓库	现有仓库管理员人数	月度出入库单数总和	平均每人每天出入库单数（每月22天）	平均每人每小时出入库单数（每天8小时）	出入库品类数	平均每人每天出入库品类数	平均每人每小时出入库品类数	现存量（分管品类数）
E	2	32	1	0.1	114	3	0.3	88
F	1	194	9	1.1	2 262	103	12.9	—
G	3	698	11	1.3	1 791	27	3.4	2 435
H	1	303	14	1.7	863	39	4.9	174
I	1	278	13	1.6	650	30	3.7	216
J	2	365	8	1.0	5 007	114	14.2	565
K	2	788	18	2.2	1 591	36	4.5	2 058
L	1	46	2	0.3	157	7	0.9	17
M	1	26	1	0.1	50	2	0.3	24

经过观察测算，该公司仓库管理员岗位平均每人每天出入库单数的平均值是 12，平均每人每天出入库品类数的平均值是 41，平均每人每小时出入库单数和平均每人每小时出入库品类数作为工作量的参考值。

笔者团队虽然不能据此直接给出该公司仓库管理员的岗位编制测算依据，但可以判断出哪些仓库管理员的工作量是明显比较少的。当平均每人每天出入库单数和平均每人每天出入库品类数这两个数据的值都同时低于平均值时，说明这个仓库管理员的工作量是比较少的。这两个值同时越低，说明仓库管理员的工作量越少。

根据仓库管理员岗位工作量分析样表中的数据，可以看出 E 仓库、G 仓库、L 仓库、M 仓库的平均每人每天出入库单数和平均每人每天出入库品类数均低于平均值，说明这些仓库管理员的工作量偏少。

F 仓库和 J 仓库虽然平均每人每天出入库单数比较低，但平均每人每天出入库品类数比较高，所以不能直接判断 F 仓库和 J 仓库的管理员的工作量少。

平均每人每天出入库单数和平均每人每天出入库品类数之间是否存在一定的相关性呢？

这个问题可以使用 Excel 软件进行分析，分析步骤如下。

（1）打开 Excel 软件，将平均每人每天出入库单数和平均每人每天出入库品类数粘贴到 A、B 这两列中，如图 5-1 所示。

A	B
平均每人每天出入库单数（每月22天）	平均每人每天出入库品类数
15	24
34	66
12	25
13	55
1	3
9	103
11	27
14	39
13	30
8	114
18	36
2	7
1	2

图 5-1　粘贴数据

（2）在一个空白单元格（如 C2）中输入公式“=CORREL（A2:A14,B2:B14）”，函数括号里的内容就是引用这两列数据，如图 5-2 所示。

C2　　=CORREL(A2:A14,B2:B14)

	A	B	C	D	E
1	平均每人每天出入库单数（每月22天）	平均每人每天出入库品类数			
2	15	24	0.326716		
3	34	66			
4	12	25			
5	13	55			
6	1	3			
7	9	103			
8	11	27			
9	14	39			
10	13	30			
11	8	114			
12	18	36			
13	2	7			
14	1	2			

图 5-2　输入公式

CORREL 函数是用于比较数据相关性的函数。得到的数值越接近 1，代表数据之间的相关性越强；得到的数值越接近 0，代表数据之间的相关性越弱，或者不相关。偶尔也会出现得到的数值为负数的情况，这代表数据之间具有负相关性。得到的数值越接近 -1，代表负相关性越强；得到的数值越接近 0，代表负相关性越弱。

例如，从平均每人每天出入库单数和平均每人每天出入库品类数的 CORREL 函数值 0.326716 来看，这两组数据之间的相关性较弱。

5.3 访谈案例：使用岗位访谈分析法分析工作量

在作业环境高度标准化的场景中，对各岗位的工作量进行分析似乎并不是一件难事，例如 5.2 节中对某零售连锁公司各岗位进行的工作量分析，或对生产制造业中一线操作人员进行的工作量分析。然而，对一些工作难以量化的岗位进行工作量分析是让很多人力资源管理者头疼的事。例如，人力资源管理岗位的工作内容就是比较难量化的。

笔者团队在给某公司实施人力资源管理咨询项目时，其中有一项就是岗位工作量分析。笔者团队实施岗位工作量分析的第 1 步，是教会该公司的人力资源管理者如何进行岗位工作量分析，选择的正是人力资源管理岗位。

该公司集团总部的人力资源部门设有负责人、招聘与组织管理专员、培训与发展管理专员、薪酬与绩效管理专员 4 类岗位。各子公司内部设有人力资源管理专员。

集团总部的人力资源部门负责制定人力资源管理的基本措施，向子公司传达人力资源管理要求，并掌握子公司关键岗位的人事任免权。

子公司的人力资源管理专员受子公司总经理的直接管理，受集团总部人力资源部门的间接管理，主要负责落实集团层面的人力资源管理工作，以及子公司日常的人事管理工作。

对该公司人力资源管理岗位的工作量分析，笔者团队主要采取的是岗位访谈分析法。

5.3.1 人力资源部门负责人工作量分析

笔者团队首先访谈的是该公司集团总部人力资源部门负责人，访谈耗时 6 小时，访谈过程让笔者团队不仅对该公司的人力资源管理工作有了整体的认识，也明确了在分析其他人力资源管理岗位前，应当了解的必要信息。

通过对该公司集团总部人力资源部门负责人工作内容的访谈，笔者团队主要梳理了该岗位的主要职责，职责对应的主要任务，职责和任务发生的频率/效率，该岗位在该项职责和任务上的主要输出内容，以及职责和任务对应的工作量。这也为笔者团队接下来对集团总部人力资源部门的其他岗位，以及子公司人力资源管理专员岗位进行工作量分析打下了基础。

该公司集团总部人力资源部门负责人工作量分析样表如表5-10所示。

表5-10 某公司集团总部人力资源部门负责人工作量分析样表

<table>
<tr><td colspan="3">岗位设置的目的：根据公司发展战略，依据国家人力资源相关规定，组织本部门并协调其他部门完成对人才的选拔、配置、培养、留用、评价及岗位绩效评估等工作，保证人力资源管理对公司战略的有效支持</td><td colspan="3">岗位工作饱和度：
25.72天 ÷ 22天 ×100% ≈ 117%</td></tr>
<tr><td>职责</td><td>任务</td><td>频率/效率</td><td>岗位产出/输出</td><td>工作量（约数）</td><td>换算成天/月</td></tr>
<tr><td>制定和实施人力资源规划</td><td>1.根据公司战略规划，在充分沟通的基础上，制定公司的人力资源规划，并提交上级领导审批；
2.将人力资源规划分解为不同模块；
3.依据人力资源规划的实施过程和实际状况，做及时的调整；
4.监督和落实人力资源规划的有效实施</td><td>周</td><td>人力资源规划书；
各岗位任务计划书</td><td>每周2小时</td><td>1</td></tr>
<tr><td>审核人力资源相关管理制度、流程、规范</td><td>1.起草人力资源内部制度、流程、规范和相应的更新计划；
2.监督和落实人力资源内部制度、流程、规范的编制；
3.修改和审核人力资源内部制度、流程、规范；
4.审核后的人力资源内部制度、流程、规范提交上级领导审批</td><td>月</td><td>制度计划书；
制度、流程、规范等修改意见</td><td>每月1～3天</td><td>2</td></tr>
<tr><td>维护和管理公司组织架构，审核修改岗位体系、能力体系、人才评估体系</td><td>1.提出组织架构的修改建议；
2.制定公司的岗位体系；
3.统筹管理岗位体系、能力体系；
4.建立健全人才评估体系，并监督执行</td><td>月</td><td>岗位体系、能力体系、人才评估体系修改意见；
组织架构修改建议报告</td><td>每月1～3天</td><td>2</td></tr>
</table>

续表

职责	任务	频率 / 效率	岗位产出 / 输出	工作量（约数）	换算成天 / 月
组织各部门梳理、优化核心部门职能和岗位职责	1. 协助各部门明确岗位和部门职责、KPI； 2. 协助各部门编制部门说明书和岗位说明书，并进行审核； 3. 定期组织对部门说明书和岗位说明书的更新和修改	月	部门说明书修改意见； 岗位说明书修改意见	每月 1 ~ 3 天	2
建立、优化招聘培训渠道	1. 建立健全网络招聘、校企合作等多种招聘形式； 2. 审核招聘计划，令其满足公司的用人需求； 3. 审核年度培训计划，监督和管理培训计划的执行； 4. 建立健全培训体系	月	各招聘渠道； 监督培训计划的执行	每月 2 天	2
开展公司核心成员及事业部副总级以上人员的绩效考核	1. 沟通公司核心成员的绩效考核目标； 2. 沟通各事业部副总级以上人员的绩效考核目标； 3. 组织绩效考核会议，定期评估绩效考核结果； 4. 汇总分析绩效考核结果报上级领导审批	年	年度绩效考核； 绩效考核评估报告	每年 2 周	1.17
建立健全薪酬制度，审核月度薪酬的发放	1. 审核薪酬制度； 2. 薪酬制度报上级领导审批； 3. 审核每月的薪酬测算结果	月	薪酬制度修改意见； 薪酬制度报告	每月 1 ~ 3 天	2
核心员工的调动管理	1. 根据人才测评、绩效考核等的结果，定期提出核心员工的调整意见； 2. 将调整意见报上级领导审批； 3. 执行决策层的意见	月	人才测评结果报告； 考评报告	每年 2 周	1.17
处理人力资源相关的内外部关系	1. 处理人社局等政府部门、各大院校、猎头、培训机构等的外部公共关系； 2. 处理各类人力资源外部公共关系的临时事项； 3. 沟通协调、处理公司内部人力资源相关事项	月	公共关系处理结果	每月 1 ~ 2 天	1.5

续表

职责	任务	频率 / 效率	岗位产出 / 输出	工作量（约数）	换算成天 / 月
分析人力资源相关数据和制定改善行动计划	1. 每月分析人力资源相关数据，根据分析结果，提出改进建议和行动计划； 2. 将行动计划报上级领导审批； 3. 监督行动计划的实施	月	人力资源数据分析报告； 行动计划实施结果报告	每月 2 天	2
管理、培训和发展本部门员工	1. 制定本部门内部的各项管理制度，建立、健全岗位责任制； 2. 对内部成员进行日常管理和工作考核； 3. 关注本部门员工的成长和发展； 4. 定期组织部门内部的员工进行学习	月	内部员工管理制度； 内部员工能力成长结果； 内部培训资料	每天 1.5 小时	4.88
其他工作	1. 及时向上级领导报告内外部重大情况变化； 2. 处理各类临时突发状况； 3. 完成上级领导交代的其他工作	月	各类临时性工作产出	每月 4 天	4
年度考核指标（评价依据）	人力资源内部基础制度、流程、规范建设结果、岗位体系基础建设结果、招聘满足率 、培训计划完成率、薪酬绩效体系搭建结果、定岗定编计划完成率、重要岗位人员的职业规划和梯队建设结果等				25.72

每个月的法定应出勤天数是不同的，为了简化表达，笔者团队在计算岗位工作饱和度的时候，用的是岗位每月的工作量除以 22 天。通过岗位工作量的分析与梳理，笔者团队初步明确了各岗位的考核指标。

5.3.2 招聘与组织管理专员工作量分析

笔者团队与该公司集团总部人力资源部门招聘与组织管理专员进行了访谈，访谈耗时 3 小时。访谈结束后，笔者团队发现在某些职责上，招聘与组织管理专员与人力资源部负责人的理解是不同的。这种情况同样出现在培训与发展管理专员和薪酬与绩效管理专员身上。

笔者团队在对该公司整个人力资源管理系统相关岗位人员的访谈结束后，又重新与该公司集团总部人力资源部门负责人和整个人力资源系统相关岗位人员一起开会讨论，澄清这种认知差异，重新调整岗位分析。

通过使用岗位访谈分析法，笔者团队发现了该公司人力资源系统相关岗位人员在相互沟通上存在一定的问题，在对工作的认知上存在一定的差异。当笔者团队把这种差异在会上提出来澄清讨论时，所有人都认为这是一次非常良性的沟通，有助于人力资源管理工作的有序开展。

该公司集团总部人力资源部门招聘与组织管理专员工作量分析样表如表 5-11 所示。

表 5-11　某公司集团总部人力资源部门招聘与组织管理专员工作量分析样表

<table>
<tr><td colspan="4">岗位设置目的：人才的引入、退出，构建组织架构，管理和评估岗位编制，完善人力资源管理相关制度</td><td colspan="2">岗位工作饱和度：23.9 天 ÷22 天 ×100% ≈ 109%</td></tr>
<tr><td colspan="4">常规事务类工作：长期的、重复性的工作，通常不增值但必须做</td><td colspan="2">占比：47%</td></tr>
<tr><td colspan="4">管理提升类工作：具备管理性质，对管理提升、效率提高、效益提升有积极意义的工作</td><td colspan="2">占比：53%</td></tr>
<tr><td>职责</td><td>任务</td><td>频率 / 效率</td><td>岗位产出 / 输出</td><td>工作量分析</td><td>换算成天 / 月</td></tr>
<tr><td>人才引入和退出</td><td>1. 了解用工需求，根据岗位编制拟定招聘计划；
2. 整理招聘工具；
3. 与合作网站、高校和人才中心等沟通，实现多渠道招聘；
4. 实施简历筛选、面试等招聘过程；
5. 发放入职通知，办理入职手续；
6. 人才实习期工作表现的跟踪反馈</td><td>日</td><td>人才的引进和退出</td><td>筛选简历：(4 分 / 份 ×4.5 份 / 天 +5 分 / 份 ×2 份 / 天) ×22 天≈ 1.283 天 / 月；
电话通知：2 分 ×2 人 / 天 ×22 天≈ 0.183 天 / 月；
面试：40 分 ×10 人 / 月 =400 分≈ 0.833 天 / 月；
入职、实习反馈：30 分 ×2 人 / 月 =60 分 =0.125 天 / 月</td><td>2.424</td></tr>
<tr><td>挂职干部考评</td><td>1. 建立考评制度；
2. 拟定并实施考评计划；
3. 输出考评结果</td><td>半年</td><td>半年度挂职干部；
考评结果</td><td>建立制度：0.5 天 /6 月 ≈ 0.083 天 / 月；
实施考评：3 天 /6 月 ≈ 0.500 天 / 月；
考评结果：2 天 /6 月 ≈ 0.333 天 / 月</td><td>0.916</td></tr>
<tr><td>维护、管理组织架构、岗位体系和定岗定编</td><td>1. 理顺公司实际组织架构，根据职能划分岗位、序列、角色；
2. 协助各部门进行定岗定编</td><td>持续</td><td>各部门人员数量表、组织结构图、岗位编制表</td><td>编制部门人员数量表：1 天 / 月</td><td>1</td></tr>
</table>

续表

职责	任务	频率/效率	岗位产出/输出	工作量分析	换算成天/月
工作岗位的分析	岗位精细分析，包括分析工作量、工作环境、交接部门等，以实际数据判断岗位的必要性和工作的饱和度	不定期	岗位工作量分析表	以仓库管理员为例：3.5天/个×2个/月=7天/月	7
整理部门职能和岗位职责	1. 在组织架构明确的基础上，编制部门职能说明书； 2. 协助部门划分岗位，制定岗位职责说明书	月	部门职能说明书岗位职责说明书	2天/月	2
人力资源管理制度建设	1. 了解公司内部管理运营程序，并制定相应的管理制度和规范，形成制度体系； 2. 根据管理过程中出现的问题，对制度不断进行反馈修正； 3. 编制与更新员工手册	持续	各项规章制度； 员工手册	1天/月	1
人才测评	1. 明确各岗位应知应会的内容； 2. 编制各岗位测试题； 3. 制定各岗位测评标准	持续	岗位测试标准、测试题	4天/月（计划）	4
新进员工的档案管理	与子公司人力资源管理专员一起完成新进员工的档案、合同管理等事务性工作	不定期	新员工档案、合同	平均1时×1件/周×4周=2天/月	2
其他	1. 对未按时到岗、需要通知上班或解除劳动关系的员工发放通知函并跟进相关手续的办理； 2. 与子公司人力资源管理专员一起办理离职员工的离职手续； 3. 协助测试题的制作； 4. 进行会议记录及会议纪要的整理	持续	通知函； 离职文件； 测试题； 会议纪要	部门会议：0.5天/月； 参加会议及整理会议纪要：1次/天×3次/月=3天/月； 发函（打印、签字、盖章、发放）：15分/次×2次/月≈0.063天/月	3.563
年度考核指标（评价依据）	人力资源制度的完备程度，招聘满足率，定岗定编的执行程度				23.903

5.3.3　培训与发展管理专员工作量分析

该公司非常重视人才的培训与发展管理工作，但公司当前的人才培养并不成体系，员工培训工作还停留在上级要求、下级执行的层面。对此，人力资源部门负责人希望能建立完善的人才培训与发展体系，让培训工作能够有序运行。

笔者团队与该公司集团总部人力资源部门培训与发展管理专员进行了访谈，访谈耗时 3 小时，其工作量分析样表如表 5-12 所示。

表 5-12　某公司集团总部人力资源部门培训与发展管理专员工作量分析样表

<table>
<tr><td colspan="4">岗位设置的目的：明确岗位能力要求，提高员工素质、工作效率，促进员工成长，增强员工对企业的归属感，得到岗位能力测评结果</td><td colspan="2">岗位工作饱和度：23.7 天 ÷22 天 ×100% ≈ 108%</td></tr>
<tr><td colspan="4">常规事务类工作：非一次性、长期重复的工作</td><td colspan="2">占比：72%</td></tr>
<tr><td colspan="4">管理提升类工作：对公司员工管理、企业制度建设等有积极作用的工作</td><td colspan="2">占比：28%</td></tr>
<tr><td>职责</td><td>任务</td><td>频率 / 效率</td><td>岗位产出 / 输出</td><td>工作量分析</td><td>换算成天 / 月</td></tr>
<tr><td>员工能力管理</td><td>1. 与各部门人员进行沟通；
2. 进行问卷调查，明确各岗位能力要求；
3. 建立岗位胜任力模型</td><td>持续</td><td>岗位胜任力模型</td><td rowspan="3">此 3 项任务作为一个能力管理项目进行，将作为下半年的工作重点之一，预计为 5 ~ 10 天 / 月</td><td rowspan="3">5</td></tr>
<tr><td>员工梯队建设</td><td>后备干部的储备</td><td>持续</td><td>员工素质测评结果</td></tr>
<tr><td>人才测评</td><td>明确各岗位应知应会的内容，制定各岗位测评标准，编制各岗位测试题等，对员工进行测评</td><td>持续</td><td>岗位测试标准、测试题</td></tr>
<tr><td>制定员工培训计划</td><td>1. 进行培训需求调研，制定员工培训计划；
2. 根据人才测评结果及公司实际需要，每月检查计划的合理性，并做适度修正</td><td>持续</td><td>培训需求分析报告；
员工培训计划</td><td>调研：2 天 ÷12 个月 ≈ 0.167 天 / 月；
结果分析：1 天 ÷12 个月 ≈ 0.083 天 / 月；
计划：1 天 ÷12 个月 +0.25 天 / 月≈ 0.333 天 / 月</td><td>0.583</td></tr>
<tr><td>组织培训</td><td>1. 联系培训老师；
2. 发放培训通知；
3. 开展培训活动</td><td>持续</td><td>培训渠道与培训活动</td><td>部门沟通及联系老师：0.5 天 / 月；
通知：0.5 天 / 月；
组织：2 天 / 月</td><td>3</td></tr>
</table>

续表

职责	任务	频率 / 效率	岗位产出 / 输出	工作量分析	换算成天 / 月
培训效果评估与考核	对培训效果进行评估，建立试题库，定期对员工的培训效果进行考核	持续	培训效果评估报告	建立试题库并出题：0.75 天 / 月； 考核与评估：1 天 / 月	1.75
新员工培训	1. 制作课件，授课； 2. 建立试题库，进行测评	月度	新员工培训课件、测试题	课件制作及课程设计：1 天 / 月； 组织：1 天 / 月； 测评：0.5 天 / 月	2.5
组织经济分析会	组织经济分析会，发放会议通知，收集会议资料，并进行会议记录及会后工作的跟踪落实	月度	经济分析会	通知：0.5 天 / 月； 收材料：0.5 天 / 月； 参加会议并整理会议纪要：1 天 / 月	2
制度建设	根据管理需要拟定管理制度并下发	持续	公司制度类文件	讨论并拟定制度：1 天 / 月； 审核并下发：0.5 天 / 月	1.5
组织员工活动	与工会配合，组织各类员工活动，丰富员工生活，增进员工感情	持续	员工活动	沟通：0.5 天； 计划：0.5 天； 通知、组织：2 天； 总结：0.5 天； 共计：3.5 天 ÷6 个月≈ 0.583 天 / 月	0.583
员工职业资格和职称评定	组织员工进行职业资格和职称的评定等相关工作	持续	员工职业资格和职称评定	职称初中高：3 天 ÷12 个月 =0.25 天 / 月	0.75
劳动关系处理	1. 劳动仲裁处理； 2. 综合工时申请； 3. 商业险办理	持续	劳动争议	劳动仲裁：0.5 天 / 月； 综合工时：0.75 天 ÷6 个月 =0.125 天 / 月； 商业险：1 时 / 月 =0.125 天 / 月	0.75
博士后管理	1. 对博士后工作站进站博士进行管理，办理进出站手续； 2. 定期向相关上级主管部门进行总结汇报	持续	博士后档案	总结：1 天 ÷6 个月≈ 0.167 天 / 月； 办理进出站手续：4 天 ÷6 个月≈ 0.667 天 / 月	0.83
人事项目申报	根据相关人事主管部门的项目申报通知，组织相关申报材料进行项目申报	每年 5 个左右	项目申报材料	写材料、收集相关证明材料及附件：1.5 天 / 月	1.5
员工出入境事项办理	办理员工因公出入境的各类手续	每年约 4 次	员工出入境手续	准备材料、办理手续：6 天 / 次 ×2 次 /6 个月 =2 天 / 月	2

续表

职责	任务	频率 / 效率	岗位产出 / 输出	工作量分析	换算成天 / 月
员工考勤核对及汇总	核对员工的出勤情况，并对每月出勤情况进行汇总	每月 1—3 号	考勤表	0.5 天 / 月	0.5
话费报销额核对及汇总	核对手机报销话费额度，并对超出部分进行汇总、扣款	月度	话费扣款清单	0.5 天 / 月	0.5
年度考核指标（评价依据）	培训完成情况、员工满意度、后备人才储备情况、经济分析会组织情况、劳动仲裁处理情况、项目申请资金情况				23.746

5.3.4　薪酬与绩效管理专员工作量分析

薪酬与绩效管理专员是保证公司薪酬管理和绩效管理体系正常运行的关键岗位。该公司当前已经具备一定的薪酬体系，但绩效管理体系还需要进一步完善。

笔者团队与该公司集团总部人力资源部门薪酬与绩效管理专员进行了访谈，访谈耗时 3 小时，其工作量分析样表如表 5-13 所示。

表 5-13　某公司集团总部人力资源部门薪酬与绩效管理专员工作量分析样表

岗位设置的目的：有效收集人员基础信息，提供用于监督、决策的人力资源数据；制定和调整公司的薪酬方案、绩效考核方案，开展绩效考核工作，并测算薪酬、保险费用、住房公积金				岗位饱和度：23.79 天 ÷22 天 ×100% ≈ 108%	
常规事务类工作：非一次性、长期重复的工作				占比：71%	
管理提升类工作：对公司员工管理、企业制度建设等有积极作用的工作				占比：29%	
职责	任务	频率 / 效率	岗位产出 / 输出	工作量分析	换算成天 / 月
人员基础信息汇总	1. 汇总和更新公司集团总部及子公司人员基础信息； 2. 汇总子公司人力资源管理专员上报的人员调动、薪酬变化等信息	每月 2 次（15 号、26 号）	人力资源基础信息表	2 次 / 月 ×0.5 天 / 次 =1 天 / 月	1
薪酬、保险费用、住房公积金核算	核算薪酬福利，每月 14 号前将薪酬、保险费用和住房公积金核算结果发财务部，缴纳住房公积金	每月 6 ~ 20 号	每月工薪酬、保险费用、住房公积金报表	工资：8 天 / 月； 保险费用、住房公积金：3 天 / 月	11
人力资源数据分析	每月 8 号前编制上月人力资源相关报表和数据分析报表，定期编制季度、月度人力资源报表和数据分析报表	每月 8 号	人力资源数据分析报表	1.5 天 / 月	1.5
制定薪酬福利方案，完善薪酬福利体系	1. 制定有激励性的薪酬福利方案； 2. 编制和完善薪酬管理制度； 3. 编制和完善保险费用和住房公积金缴纳管理制度	持续	薪酬管理制度和保险费用、住房公积金缴纳管理制度	计划 3 天 / 月	3

续表

职责	任务	频率 / 效率	岗位产出 / 输出	工作量分析	换算成天 / 月
建立、维护、评估、完善绩效管理体系	1. 确定各部门的关键绩效指标，制定公司的绩效考核方案； 2. 对绩效考核方案的实施进行反馈与评估； 3. 协助各子公司建立绩效考核体系； 4. 编制和完善绩效考核管理制度	持续	绩效相关制度	计划 2~4 天 / 月	4
收集挂职干部月报	每月收集挂职干部月报	每月 8 号前	挂职干部月报及上交情况汇报	1 天 / 月	1
收集人力资源资料，建立档案库	统一管理人力资源内部资料的纸质版和电子版	持续	人力资源相关的纸质版和电子版资料归档	40 分钟 / 月≈ 0.083 天 / 月	0.083
其他	1. 员工住房公积金转移、提取手续办理； 2. 收入证明办理； 3. 会议纪要整理，通知发放； 4. 向财务提供其所需的各种报表； 5. 职称统计整理； 6. 为 IPO 提供资料； 7. 管理福利企业特殊人员工资台账； 8. 节日福利统计事项审批； 9. 退休人员独生子女费事项审批； 10. 为人员调动开具内部调动审批表和正式调令等	持续	福利企业检查； 特殊人员工资台账； 福利发放统计表； 独生子女费发放； 人员调令	住房公积金手续：6 个 / 月 ×10 分 / 个 =0.125 天 / 月； 收入证明：4 个 / 月 ×15 分 / 个 =0.125 天 / 月； 会议纪要：1.5 时 / 月 ≈ 0.188 天 / 月； 特殊人员工资台账：2 时 / 月 =0.25 天 / 月； 财务报表：2 时 / 月 =0.25 天 / 月；	2.209
其他	员工住房公积金转移、提取手续办理，收入证明办理，会议纪要整理，通知发放，向财务提供其所需的各种报表，职称统计整理，为 IPO 提供资料，管理福利企业特殊人员工资台账，节日福利统计事项审批，退休人员独生子女费事项审批，为人员调动开具内部调动审批表和正式调令等	持续	福利企业检查，特殊人员工资台账，福利发放统计表，独生子女费发放，人员调令	人员调动：4.5 个 / 月 ×30 分 / 个≈ 0.281 天 / 月； 独生子女费发放：2.5 个 / 月 ×20 分 / 个 ≈ 0.104 天 / 月； 福利申请：4 次 /12 月 ×1 时 / 次 ≈ 0.042 天 / 月； 通知发放：3 个 / 月 ×15 分 / 个≈ 0.094 天 / 月； 职称统计：3 天 / 次 ×1 次 /12 个月 =0.25 天 / 月； 部门会议：0.5 天 / 月	2.209
年度考核指标（评价依据）	薪酬、保险费用、住房公积金核算的及时性和准确性，人力资源资料更新的及时性，薪酬绩效体系建设情况，人力资源数据分析报表的及时性和准确性				23.792

5.3.5　子公司人力资源管理专员工作量分析

该公司集团子公司人力资源管理专员的工作定位是执行公司集团总部人力资源部门的各项措施，这类岗位的重复型、事务型工作比较多。因为该集团公司各子公司所在产业的实际情况有所不同，所以虽然子公司人力资源管理专员的工作内容处在相同的框架之下，但不同子公司人力资源管理专员的工作内容是存在差异的，而且工作量也存在一定的差异。

笔者团队对该集团公司 3 个比较典型子公司的人力资源管理专员进行了工作量分析，如表 5-14 所示。

表 5-14　某集团公司 3 个典型子公司的人力资源管理专员工作量分析样表

岗位设置的目的：保证子公司的人力资源满足子公司内部经营和管理的需要；保证公司集团总部制定的人力资源措施的有效执行；保证车间人员的招聘和入职手续办理，以及档案管理；员工保险费用缴纳；基础信息收集；解决和反映员工问题				人力资源管理专号工作系数 11.81 天 ÷22 天 × 100% ≈ 54%	人力资源管理专员工作系数 23.31 天 ÷22 天 ×100% ≈ 106%	人力资源管理专员工作系数 2.46 天 ÷22 天 ×100% ≈ 11%
职责	任务	频率 / 效率	岗位产出 / 输出	A	B	C
车间员工的招聘	1. 建立与各人才市场及人才招聘网站的长期联系； 2. 根据各部门的用人需求，通过招聘会、人才市场、人才网站等途径发布招聘信息并收集简历； 3. 筛选简历，通知合格者参加面试； 4. 按照招聘流程进行面试； 5. 面试后发送入职通知，并告知入职所需资料	持续	人员的引进和退出	电话：8 个 / 月 ×1 分 / 个≈ 0.017 天 / 月； 面试：4 个 / 月 ×15 分 / 个 =0.125 天 / 月； 招聘会：3 次 / 月 ×0.7 天 / 次 =2.1 天 / 月	电话：48 个 / 月 ×1 分 / 个 =0.1 天 / 月； 面试：25 个 / 月 ×15 分 / 个≈ 0.78 天 / 月	1 天 / 年≈ 0.083 天 / 月
办理入职、离职手续	1. 入职：用人部门同意录用人员后，通知员工办理入职手续，进行岗前培训并签署入职声明，根据规定签订劳动合同、保密协议、知识产权协议、竞业禁止协议等，将新员工转交用人部门进行实习； 2. 离职：员工提交离职申请书，经部门领导、总经理签批后，办理好交接手续，填写交接清单，送至人力资源部，填写离职通知书，员工签署离职承诺，各级领导签字后提交人力资源部备案，注销工作牌，准予离职	持续	入职、离职手续、文件	入职：5 个 / 月 ×1.5 时 / 个≈ 0.938 天 / 月； 离职：17 个 / 月 ×1 时 / 个≈ 2.13 天 / 月	入职：23 个 / 月 ×4 时 / 个 =11.5 天 / 月； 离职：22 个 / 月 ×1 时 / 个 =2.75 天 / 月	—

续表

职责	任务	频率 / 效率	岗位产出 / 输出	A	B	C
管理劳动合同、档案	1. 检查员工档案是否真实完整； 2. 根据入职登记表制作电子档案，并及时更新员工的个人信息和资料； 3. 档案封存，保证员工档案完整； 4. 根据员工档案明确合同到期人员名单，告知当事人，续签合同	持续	员工合同、档案	查档案：1 时 / 月 =0.125 天 / 月； 封存：0.5 时 / 月 ≈ 0.063 天 / 月； 到期：4 次 / 月 ×10 分 / 次≈ 0.083 天 / 月	档案到期：4 次 / 月 ×10 分 / 次 ≈ 0.083 天 / 月	—
管理员工社保	1. 负责公司社保账户的开户、变更和注销； 2. 整理参保人员的资料，为员工申报社保； 3. 及时、准确地核算公司社保费用； 4. 每月到社保中心为员工缴纳五险费用； 5. 负责员工社保相关证件的领取和发放	持续	员工社保	开户：5 个 / 月 ×10 分 / 个≈ 0.104 天 / 月； 变更：1 个 / 月 ×20 分 / 个≈ 0.042 天 / 月； 注销：7 个 / 月 ×2 分 / 个≈ 0.029 天 / 月； 核算社保费用：1.5 天 / 月； 交五险：2 时 / 月 =0.25 天 / 月； 领证件：2 时 / 月 =0.25 天 / 月	变更：1 个 / 月 ×20 分 / 个≈ 0.042 天 / 月； 核算社保费用：1.5 天 / 月； 交五险：2 时 / 月 =0.25 天 / 月； 领证件：2 时 / 月 =0.25 天 / 月	核算社保费用：1.5 天 / 月； 交五险：2 时 / 月 =0.25 天 / 月； 领证件：2 时 / 月 =0.25 天 / 月
办理工伤、退休、职称评定等手续	1. 工伤：负责员工工伤的网上申报、资料递交、伤残鉴定等； 2. 退休：负责退休申请表的领取及退休手续的办理； 3. 负责组织员工进行职称评定工作，对有职称的员工进行登记入档，负责组织有关职称报名考试工作	不定期	工伤、退休、职称证明	工伤：1 个 / 月 ×3 时 / 个 =0.375 天 / 月； 退休：7 时 / 个 ×1 个 / 月 =0.875 天 / 月（来回跑 3~4 趟）； 职称：3 个 / 年 ×2 时 / 个≈ 0.063 天 / 月	工伤：6 个 / 年 ×3 时 / 个 ≈ 0.188 天 / 月； 职称：5 个 / 年 ×2 时 / 个 ≈ 0.104 天 / 月	工伤：1 个 / 月 ×3 时 / 个 =0.375 天 / 月
子公司员工关系的处理	处理子公司内部的各类员工关系、劳动争议	不定期	仲裁结果通知	1 个 / 年 ×0.5 时 / 个 ≈ 0.005 天 / 月	4 个 / 月 ×0.5 时 / 个 =0.25 天 / 月	—
其他	1. 贯彻及完善人力资源部门规定的各项管理制度、流程； 2. 完成子公司领导及人力资源部门安排的其他工作； 3. 核对员工的出勤情况，并对员工每月出勤情况进行汇总； 4. 质量认证、知识产权认证各种资料准备	不定期	制度培训结果、月考勤表	发放培训制度：2 个 /6 月 ×10 分 / 个 ≈ 0.007 天 / 月； 考勤：2 天 / 月（导入、导出记录）； 工会活动：1 次 / 月 ×0.5 天 / 次≈ 0.5 天 / 月； 质量认证：1 次 /3 月 ×0.7 天 / 次≈ 0.23 天 / 月	工会活动：3 次 / 月 ×0.5 天 / 次 =1.5 天 / 月； 核对名单：10 分 / 月≈ 0.021 天 / 月； 质量认证、知识产权认证：4 天 / 月	—
年度考核指标（评价依据）	一线员工的招聘满足率，员工资料和手续的完整性，保险费用缴纳的及时性			11.811 天 / 月	23.318 天 / 月	2.458 天 / 月

笔者分别用 A、B、C 指代这 3 个典型子公司的人力资源管理专员。其中 A 所在的子公司发展比较平稳，人员离职率水平居中，人力资源事务型工作需求适中；B 所在的子公司发展迅速，人员需求持续增加，人力资源事务型工作比较多；C 所在的子公司发展速度比较慢，人员需求少，人员离职率非常低，人力资源事务型工作需求最少。

A 所在的子公司只需要设立 1 名人力资源管理专员，可以兼职一部分行政管理工作；B 所在的子公司需要设置 3 名人力资源管理专员，且几乎全部负责人力资源管理相关工作（上表展示的仅为单岗位的工作量）；C 所在的子公司也只需要设置 1 名人力资源管理专员，不仅可以兼职一部分行政管理工作，还可以兼职一部分采购和其他工作。

5.4 量化比较：岗位价值评估

岗位价值评估是在岗位分析的基础上，对岗位责任、工作强度、所需要的资格条件等特性进行评估，确定岗位相对价值的过程。它是确定职位级别的手段，是薪酬分配的基础，也是员工确定职业发展和晋升路径的参照。

实施岗位价值评估的意义在于通过科学的方法、统一的标准和合理的程序，建立并保证公司内部的公平性。岗位价值评估正确认识与错误认识的对比如表 5-15 所示。

表 5-15　岗位价值评估正确认识与错误认识的对比

正确认识	错误认识
相对的	绝对的
定性与定量判断	绝对的定量判断
层次分明的	无层次的
以岗位为中心	以人为中心
使用统一的尺度	使用不同的尺度

常用的岗位价值评估方法有 4 种，分别是岗位排序法、岗位分级法、因素比较法、因素记点法。

5.4.1 排列次序：岗位排序法

岗位排序法是根据一些特定的标准，如工作的复杂程度、对组织的贡献等对各个岗位的相对价值进行整体的比较，进而按照相对价值的高低对岗位进行排序的评估方法。排序时可以采用两种做法，直接排序法或交替排序法。

岗位排序法较为简单，通常适用于规模较小、生产结构单一、岗位数量较少、岗位设置较稳定的组织。

岗位排序法的实施步骤如下。

（1）成立岗位排序评定小组，了解情况，收集有关资料、数据。

（2）评定人员事先确定评判标准，对本组织所有岗位的重要性做出评判，将最重要的岗位排列到第 1 位，最不重要的岗位排列到倒数第 2 位。其他岗位与已经排序的岗位进行对比，以确定岗位应在的位置。

（3）将所有评定人员的每个岗位的评定结果汇总，得到序号，然后将序号除以评定人数，得到每一岗位的平均序数。最后，按照平均序数的大小，由小到大评定出各岗位的相对价值的次序。

举例

某中小型公司设置有常务副总经理、销售经理、财务经理、人力资源经理、技术经理、产品设计经理、生产经理、采购经理等岗位。现采用岗位排序法对岗位价值进行评估，具体的实施步骤如下。

（1）由公司总经理、部分股东、外部专家等组成 5 人的评定小组，这 5 人分别是张三、李四、王五、赵六、徐七。评定小组收集各岗位的岗位说明书、述职报告、周报等岗位信息。

（2）评定小组根据岗位信息中的责任要求、技能要求、知识要求等维度，对岗位进行排序，岗位排序结果如表 5–16 所示。

表 5–16 岗位排序结果

评定人	常务副总经理	销售经理	财务经理	人力资源经理	技术经理	产品设计经理	生产经理	采购经理
张三	1	2	8	7	4	3	5	6
李四	1	4	7	6	3	2	5	8
王五	1	2	8	6	3	4	5	7
赵六	1	4	8	7	2	3	6	5
徐七	1	2	8	6	4	3	5	7

注：表中数字代表顺序，数字越小代表顺序越靠前。

（3）将评定小组所有成员的评定结果汇总，计算得到平均序数，如表5-17所示。

表5-17　岗位平均序数

项目	常务副总经理	销售经理	财务经理	人力资源经理	技术经理	产品设计经理	生产经理	采购经理
平均序数	1	2.8	7.8	6.4	3.2	3	5.2	6.6

根据岗位平均序数，得出该公司岗位价值由高到低为常务副总经理、销售经理、产品设计经理、技术经理、生产经理、人力资源经理、采购经理、财务经理。

岗位排序法的局限性包括如下内容。

（1）主观性强。特别是如果某一类岗位受特殊因素的影响（例如在高空、高温、高寒或有害、有毒环境下工作），评估人员常会将岗位的相对价值估计过高。

（2）岗位平均序数的差值大小并不能反映出岗位相对价值的差值大小，不能将其作为岗位价值的量化依据。

5.4.2　分级管理：岗位分类法

岗位分类法是通过制定一套岗位级别标准，将公司的所有岗位根据工作内容、工作职责、任职资格等方面的不同要求，划分出不同的类别，与岗位级别标准进行比较，并归到各个级别中去。

岗位分类法一般可以将岗位分为行政管理类、技术类、营销类等，然后给每一类岗位确定一个岗位价值的范围，并且对同一类岗位进行排序，从而确定每个岗位的岗位价值。

岗位分类法仅适用于小型的、结构简单的公司。

岗位分类法的实施步骤如下。

（1）收集并分析岗位的相关信息。建立岗位等级体系，确定岗位等级数量。对各岗位等级进行定义和描述。

（2）建立评定小组。将待评岗位与确定的标准进行对比，从而将其定位在合适的工作类别中合适的级别上。

（3）对数据进行统计计算，求等级的平均值，得出结果。

举例

某中小型公司设置有销售经理、销售专员、人力资源经理、人力资源专员、产品设计经理、产品设计专员、采购经理、采购专员等岗位。现采用岗位分类法对各岗位的岗位价值进行评估，具体的实施步骤如下。

（1）收集各岗位的岗位说明书等相关信息并分析，设立四级岗位体系，具体的等级和描述如表5-18所示。

表 5-18　岗位等级和描述

等级	描述
4	·较复杂的岗位； ·需要独立决策； ·需要监督他人工作； ·需要接受高级专业技术训练，拥有较丰富的经验
3	·中等复杂程度的岗位； ·执行既定措施、程序、技术，能独立思考； ·需要较强的专业知识及一定的经验； ·既要受到他人监督，又要监督他人
2	·需要一定判断能力的岗位； ·具有初级技术水平； ·具有一定经验； ·受主管人员监督
1	·从事例行工作事务； ·按照既定程序工作； ·处在直接主管的监督下； ·不含技术色彩

（2）由公司总经理、部分股东、外部专家等组成 5 人评定小组，这 5 人分别是张三、李四、王五、赵六、徐七。根据岗位等级和描述对不同岗位进行评级，岗位评级结果如表 5-19 所示。

表 5-19　岗位评级结果

评定人	销售经理	销售专员	人力资源经理	人力资源专员	产品设计经理	产品设计专员	采购经理	采购专员
张三	4	2	3	1	4	2	3	2
李四	4	1	4	1	3	2	3	1
王五	4	1	3	1	3	1	4	1
赵六	4	2	3	2	4	2	3	1
徐七	4	2	4	2	4	2	3	1

注：表中数字代表等级，数字越小代表排序越靠前。

（3）统计岗位评级结果后，计算等级的平均值，如表 5-20 所示。

表 5-20 岗位等级平均值

	销售经理	销售专员	人力资源经理	人力资源专员	产品设计经理	产品设计专员	采购经理	采购专员
等级均值	4	1.6	3.4	1.4	3.6	1.8	3.2	1.2

根据岗位等级平均值，得出该公司岗位价值由高到低为销售经理、产品设计经理、人力资源经理、采购经理、产品设计专员、销售专员、人力资源专员、采购专员。

岗位分类法的局限性包括如下内容。

（1）只能用作整体评估，难以进行精确的评比。

（2）虽然已经设置标准，但评估的主观成分仍然较多。

（3）岗位分类法的等级平均值同样只能用来判断岗位相对价值的大小，不能用来指出各级间差距的具体大小。

5.4.3 基准对比：因素比较法

因素比较法是一种相对量化的岗位评估方法，它实际上是对岗位排序法的改进和升级。它不关心具体的岗位职责和任职资格，而是将所有岗位的内容抽象为若干因素，一般包括智力、技能、责任等因素，并将各因素区分成多个不同的等级，然后根据岗位的内容将不同因素和不同的等级对应起来，最后把每个岗位在各个因素上的得分加权汇总，得到一个总体岗位价值分。

因素比较法与岗位排序法的主要区别：岗位排序法是从整体的角度对岗位进行比较和排序的，而因素比较法则是选择多种报酬因素，按照各种因素分别进行排序。因素比较法的一个突出优点，是可以根据在各个报酬因素的评价结果中计算出一个具体的报酬金额，这样可以更加精确地反映出岗位之间的相对价值关系。在应用因素比较法时，应该注意以下两个问题。

（1）报酬因素的确定要慎重，一定要选择最能代表岗位间差异的因素。

（2）由于市场上的工资水平经常发生变化，因此要及时调整基准岗位的工资水平。

因素比较法通常适用于特殊岗位较多的公司。

因素比较法的实施步骤如下。

（1）选择适当的报酬因素，包括智力条件、技能、责任、身体条件、工作环境和劳动条件等。一般选择 5 项作为基准因素。

（2）从全部岗位中选出若干个关键岗位，其劳动报酬应是被大多数人公认为公平合理的。将每一个关键岗位的每个影响因素分别加以比较，按影响程度的高低进行排序。

（3）组成评定小组，对每一个岗位的工资总额进行认真协调，按上述5种影响因素分解，找出对应的工资份额。对比尚未进行评定的其他各岗位与现有的已评定完毕的重要岗位，按相近条件的岗位工资分配计算工资。

举例

某公司新增某特殊岗位——客户服务员，负责挖掘客户的需求，在产品出现质量问题时进行客户关系维护，发现技术工艺或生产过程中的问题，改进产品的客户体验，提高客户满意度等工作。现采用因素比较法确定该岗位的薪酬水平，实施步骤如下。

（1）选择精神需要、技能需要、责任需要、体能需要和工作环境5项作为基准因素。

（2）选择公认薪酬水平较为合理的技术研发员、产品设计员、工艺改进员、质量监控员和生产操作员5个关键岗位，其岗位薪酬如表5-21所示。

表5-21　5个关键岗位的薪酬

项目	技术研发员	产品设计员	工艺改进员	质量监控员	生产操作员
薪酬标准/元/天	310	300	290	280	260

（3）组成评定小组，将5个关键岗位的薪酬价值按照基准因素拆分，如表5-22所示。

表5-22　5个关键岗位薪酬价值按基准因素拆分表

基准因素	技术研发员	产品设计员	工艺改进员	质量监控员	生产操作员
精神需要价值/元/天	100	100	80	70	60
技能需要价值/元/天	100	90	70	50	30
责任需要价值/元/天	70	70	80	90	80
体能需要价值/元/天	30	30	40	50	60
工作环境价值/元/天	10	10	20	20	30

将基准因素的价值分别以10元/天为单位，设置0~100元/天的差值。将基准因素与关键岗位薪酬分解后的对应关系体现在分层关系中，如表5-23所示。

表 5-23　关键岗位与基准因素的对应关系

价值 / 元 / 天	精神需要	技能需要	责任需要	体能需要	工作环境
100	技术研发员 产品设计员	技术研发员			
90		产品设计员	质量监控员		
80	工艺改进员		工艺改进员 生产操作员		
70	质量监控员	工艺改进员	技术研发员 产品设计员		
60	生产操作员			生产操作员	
50		质量监控员		质量监控员	
40				工艺改进员	
30		生产操作员		技术研发员 产品设计员	生产操作员
20					工艺改进员 质量监控员
10					技术研发员 产品设计员
0					

将新增的特殊岗位——客户服务员按照 5 项基准因素分类，放入以上各表中比较，得出该岗位的薪酬标准如表 5-24 所示。

表 5-24　客户服务员薪酬标准

项目	精神需要	技能需要	责任需要	体能需要	工作环境	合计
薪酬标准 / 元 / 天	70	90	80	40	20	300

因素比较法的局限性包括如下内容。

（1）实施初期非常复杂，难度较大。

（2）操作和管理成本较高。

（3）同样存在许多主观因素，并且不易让员工理解，员工容易怀疑其准确性和公平性。

5.4.4 量化评价：因素记点法

因素记点法是选取若干关键性的报酬因素，并对每个因素的不同水平进行界定，同时给各个水平赋予一定的分值，这个分值也称作“点数”，然后按照这些关键的报酬因素对岗位进行评估，得到每个岗位的总点数，以此决定岗位的薪酬水平。

因素记点法是目前薪酬设计中运用最广泛的一种岗位评估方法，也是一种量化的岗位评估方法。它的优点是比较精确、系统、量化，有助于评估人员做出正确的判断，而且也比较容易被员工理解；缺点是整个评估过程工作量大、比较复杂。

因素记点法适用于岗位数量和类别均较多的公司。

因素记点法的实施步骤如下。

（1）选取通用报酬因素并加以定义。

（2）对每一种报酬因素进行等级界定和权重划分。

（3）运用这些报酬因素来分析和评估每一个岗位。

（4）根据点数高低对所有被评估岗位进行排序。

需要注意，在确定报酬因素时，只需从那些广泛使用的报酬因素中选择出适合本公司的报酬因素；报酬因素一般选择 5~8 种，过多和过少都不合适；对本公司内的所有岗位必须应用同一套报酬因素。

举例

某公司设置有销售经理、销售专员、人力资源经理、人力资源专员、产品设计经理、产品设计专员、车间主任、操作工人等岗位。现采用因素记点法对岗位价值进行评估，具体的实施步骤如下。

1. 选取并定义岗位报酬因素。

（1）知识：完成工作所需要的学历。

（2）责任：组织对员工按照预期要求完成工作的依赖程度，强调岗位上的人所承担职责的重要性。

（3）技能：完成某种岗位的工作所必备的技术、培训、能力、经验及职称等。

（4）努力：对为完成某种岗位的工作需付出的体力或脑力的衡量。

（5）工作条件：岗位上的人所从事工作的伤害性及工作的物理环境。

2. 成立岗位评估小组，将公司各岗位的报酬因素定义为 5 个等级并按照权重划分，如表 5-25 所示。

表 5-25 因素划分表

报酬因素	等级				
	5	4	3	2	1
知识（25%）	博士	硕士	本科	专科	专科以下
责任（30%）	战略决策权，决策风险很大，控制全公司	战术决策权，决策风险较大，控制子公司	行动和计划决策权，决策风险一般	建议性决策权，决策风险较弱	无决策权
技能（30%）	专业知识、技术运用得很好，工作 18 年以上	可运用专业知识、技术，工作 13~17 年	掌握专业知识、技术，工作 8~12 年	学过专业知识、技术，工作 3~7 年	了解专业知识、技术，工作 2 年以下
努力（10%）	任务很复杂，创造性很强，需要独立分析解决问题	任务较复杂，创造性较强，需要协作分析解决问题	任务复杂性，创造性一般，需协助解决问题	任务复杂性，创造性较弱，不需分析解决问题	任务很容易，创造性很弱，不需分析解决问题
工作条件（5%）	工作环境很差，具有极大的危险性	工作环境比较差，具有较大的危险性	工作环境一般，具有潜在的危险性	工作环境比较好，一般无危险	工作环境很好

确定每一种报酬因素不同等级所对应的点数。总点数为 1000，运用算术法分配点数，如表 5-26 所示。

表 5-26 每种报酬因素点数分配表

报酬因素	等级				
	5	4	3	2	1
知识（250）	250	200	150	100	50
责任（300）	300	240	180	120	60
技能（300）	300	240	180	120	60
努力（100）	100	80	60	40	20
工作条件（50）	50	40	30	20	10

3. 运用这些报酬因素来分析、评估每个岗位。各岗位的评估结果如表 5-27 所示。

表 5-27　各岗位因素记点法评估结果

岗位名称		知识	责任	技能	努力	工作条件	点数总计
销售经理	等级	4	5	5	5	1	910
	点数	200	300	300	100	10	
销售专员	等级	3	3	3	4	2	610
	点数	150	180	180	80	20	
人力资源经理	等级	4	3	2	3	2	580
	点数	200	180	120	60	20	
人力资源专员	等级	3	2	2	2	2	450
	点数	150	120	120	40	20	
产品设计经理	等级	3	3	2	3	3	540
	点数	150	180	120	60	30	
产品设计专员	等级	2	3	2	2	2	460
	点数	100	180	120	40	20	
车间主任	等级	2	2	3	3	2	480
	点数	100	120	180	60	20	
操作工人	等级	1	1	1	1	1	200
	点数	50	60	60	20	10	

根据因素记点法的计算结果，得出该公司岗位价值由高到低分别为销售经理、销售专员、人力资源经理、产品设计经理、车间主任、产品设计专员、人力资源专员、操作工人。

5.4.5　灵活应用：四方法比较

前文介绍的 4 种岗位价值评估方法各有特点，没有哪一种方法绝对更优。将这 4 种方法的适用公司、量化程度、评估对象、比较方法及优缺点进行比较，如表 5-28 所示。

表 5-28　4 种岗位价值评估方法特性比较表

方法	适用公司	是否量化	评估对象	比较方法	优点	缺点
岗位排序法	岗位数量不多的公司	否	评估岗位整体	在岗位与岗位之间比较	简单，操作容易	主观性强，无法准确确定相对价值
岗位分类法	小型的、结构简单的公司	否	评估岗位整体	将岗位与特定的级别标准进行比较	灵活性高，可以用于大型组织	对岗位等级的划分和界定存在一定难度，无法确定相对价值
因素比较法	特殊岗位多的公司	是	评估岗位因素	在岗位与岗位之间比较	可以较准确地确定相对价值	因素的选择较困难，市场工资随时在变化
因素记点法	岗位数量和类别较多的公司	是	评估岗位因素	将岗位与特定的级别标准进行比较	可以较准确地确定相对价值，适用于多个类型的岗位	工作量大，费时费力

如果 5 代表程度最高，1 代表程度最低，由 5 到 1 的整数代表程度由高到低，则采用这 4 种岗位价值评估方法的管理成本、复杂程度、客观性、灵活性的比较如表 5-29 所示。

表 5-29　4 种岗位价值评估方法应用比较表

方法	管理成本	复杂程度	客观性	灵活性
岗位排序法	2	1	1	1
岗位分类法	1	1	1	3
因素比较法	5	5	3	4
因素记点法	4	5	5	2

☑ 实战案例

某公司岗位价值评估案例

某大型生产制造业上市公司将所有岗位按知识和技能要求、岗位贡献和影响力、岗位责任和独立性、岗位监督职责和管理幅度、岗位沟通需要、岗位解决问题的复杂性和创新性、岗位工作环境 7 个因素，采用因素记点法对岗位价值进行评估。具体评估方法如下。

1. 岗位知识和技能要求

岗位知识和技能要求衡量任职者能够胜任该岗位需要具备的知识、技能和经验的水平，同时包含任职者获得这些知识和技能所需要对应的教育水平，对应数据如表 5-30 所示。

表 5-30 岗位知识、技能和教育水平对照表

单位：分

教育水平	初学者：无经验的正常人 1 周内可掌握岗位工作要求	能够掌握并应用：需要 1 周到 3 个月的培训或有一定经验可掌握工作要求	掌握基本知识：需要掌握并能够简单应用单一专业领域的知识	熟练掌握知识：需要应用几个专业领域的知识，并能够熟练应用某一个专业领域的知识	掌握原理：除应用外，还掌握该专业领域的原理，能够完成复杂、多样的工作，具备一定的开发能力	熟悉原理并能指导：熟练掌握一个或几个专业领域更深层的原理和方法，能够解决问题并指导他人	解决问题的专家：掌握某一个或几个领域最前沿的知识技能、策略或方法，在国内或国际有一定的声誉
高中以下	10	20	30	50	60	80	100
高中 / 中专	20	30	50	60	80	100	120
大专	30	40	60	80	100	120	140
本科	50	60	80	100	120	140	160
硕士	60	80	100	120	140	160	180
博士	80	100	120	140	160	180	200

需要注意，任职者的情况不等于岗位需要，评估时应考虑岗位需要而不是任职者个人的实际情况。

2. 岗位贡献和影响力

岗位贡献和影响力评估岗位的输出对组织的贡献度和影响力的水平，是从岗位对组织的影响程度和贡献程度两个维度来确定评分，对应数据如表 5-31 所示。

表 5-31 岗位贡献和影响力对照表

单位：分

贡献程度	对组织整体运行只有很小的影响	能够影响 3 项以内工作的正常运转	能够影响部门整体绩效	能够影响其他部门绩效	能够影响组织整体绩效
支持作用	10	20	40	60	80
间接影响组织绩效	20	40	60	80	100
直接影响组织绩效	40	60	80	100	120
对组织绩效有直接、深远的影响	60	80	100	120	150

3. 岗位责任和独立性

岗位责任和独立性考察岗位需要承担工作的受控程度和承担责任的水平，是从岗位承担责任和完成工作的独立性两个维度来确定评分，具体数据如表 5-32 所示。

表 5-32 岗位责任和独立性对照表

单位：分

独立性	简单重复性劳动	承担某项工作的责任	承担整个部门的责任	承担某个职能或业务领域的责任	承担多个职能或业务领域的责任	承担一个业务单元或战略机构的责任	承担多个业务单元或战略机构的责任
任务明确，随时受上级指挥	10	20	40	60	80	100	120
在一定职责范围内开展工作，受程序监控	20	40	60	80	100	120	140
在职能或制度框架下工作，独立分析和判断	40	60	80	100	120	140	160
在组织战略目标指导下开展工作，受总裁控制	60	80	100	120	140	160	180
根据董事会的决议和目标开展工作，由集团董事会控制	80	100	120	140	160	180	200

需要注意，工作中接触到某类职能，不等于从事该职能；从事某类职能，也不等于需要为这类职能负责。

4. 岗位监督职责和管理幅度

岗位监督职责和管理幅度衡量岗位对监督和管理下属员工需要付出的责任，是从岗位的监督职责和管理幅度两个维度来确定评分，具体数据如表 5-33 所示。

表 5-33　岗位监督职责和管理幅度对照表

单位：分

管理幅度/人	不需要监督或管理他人	负责监督和检查别人的工作	需要计划、监控、检查和管理他人的工作	管理基层管理者，管理一个或多个职能	管理中层管理者，管理一个业务单元或战略机构	全面管理多个业务单元或战略机构
0	10	20	40	60	80	100
1~5	20	30	50	70	90	110
6~15	30	40	60	80	100	120
16~25	40	50	70	90	110	130
26~50	50	60	80	100	120	140
51~100	60	80	100	120	140	160
101~300	80	100	120	140	160	180
301 以上	100	120	140	160	180	200

注：表中管理幅度包括所有的直接下级和间接下级。

5. 岗位沟通需要

岗位沟通需要评估岗位，需要与他人沟通的方式、程度、层次，是从岗位的沟通目的、沟通频率和沟通范围 3 个维度来确定评分，具体数据如表 5-34 所示。

表 5-34　岗位沟通需要对照表

单位：分

沟通频率	一般常规礼节性的要求，沟通目的是传达或获取信息		沟通目的是影响他人，让他人做出某类行为或寻求合作，如销售行为、采购谈判		对组织发展有深远影响的领导沟通过程及谈判与决策	
	组织内部	组织外部	组织内部	组织外部	组织内部	组织外部
需要定期的、少量的、难度较低的沟通	10	30	40	60	80	100

续表

沟通频率	一般常规礼节性的要求，沟通目的是传达或获取信息		沟通目的是影响他人，让他人做出某类行为或寻求合作，如销售行为、采购谈判		对组织发展有深远影响的领导沟通过程及谈判与决策	
	组织内部	组织外部	组织内部	组织外部	组织内部	组织外部
需要定期或不定期的、有一定难度的沟通	20	40	50	70	90	110
需要长期的、广泛的、深入的沟通	30	50	60	80	100	120

6. 岗位解决问题的复杂性和创新性

岗位解决问题的复杂性和创新性考察岗位在开展工作时将会面临问题的数量、多样性和复杂程度，以及分析和解决问题的困难程度和对艺术性和创新性的要求，具体数据如表 5-35 所示。

表 5-35 岗位解决问题的复杂性和创新性对照表

单位：分

创新性	工作内容单一，变化性较少	完成任务需要基于知识和经验做简单的判断，问题具备一定的规律性	完成任务需要分析、推理或较复杂的判断，无直接现成的做法可参考	问题较为复杂，需要广泛细致的数据和调查分析	问题独特而复杂，公司内外部都无先例，需要依据大量的信息和复杂的调研做决策
不需要任何创新	10	20	30	60	100
需要一般改进	20	30	50	80	120
改进技术或流程	40	50	70	100	140
创造新的技术、流程、方法，影响组织局部	60	70	90	120	160
创造新的、复杂的技术、流程或方法，对组织产生广泛影响	80	90	110	140	180
创造前所未有的新发明、新流程、新方法，对组织乃至整个产业产生深远影响	100	110	130	160	200

需要注意，复杂性问题通常会随着岗位的职责范围和组织规模的扩大而增多，但创新性问题不一定。

7. 岗位工作环境

岗位工作环境评估岗位的工作环境对任职者身体或心理所造成的影响的程度，是从环境危害、出差频率、加班频率 3 个维度来确定评分，具体数据如表 5-36 所示。

表 5-36 岗位工作环境对照表

单位：分

加班频率	每月出差不超过 3 天			每月出差 3~10 天			每月出差 10 天以上		
	无危害	中等危害	严重危害	无危害	中等危害	严重危害	无危害	中等危害	严重危害
平均每天不足 1 小时	10	20	30	20	30	40	30	40	50
平均每天大于 1 小时不足 2 小时	20	30	40	30	40	50	40	50	60
平均每天大于 2 小时	30	40	50	40	50	60	50	60	70

对于某一岗位来说，将 7 项因素评分整理后，形成统计结果，记录在表 5-37 中。

表 5-37 岗位评估表

所属公司		所属部门	
岗位名称		岗位编号	
岗位评估结果			
因素	子因素	对应情况描述	对应分值
1. 岗位知识和技能要求	知识技能		
	教育水平		
2. 岗位贡献和影响力	影响程度		
	贡献程度		
3. 岗位责任和独立性	承担责任		
	独立性		
4. 岗位监督职责和管理幅度	监督职责		
	管理幅度		
5. 岗位沟通需要	沟通目的		
	沟通范围		
	沟通频率		

续表

因素	子因素	对应情况描述	对应分值
6. 岗位解决问题的复杂性和创新性	复杂性		
	创新性		
7. 岗位工作环境	出差频率		
	环境危害		
	加班频率		

将所有岗位各项因素评分整理后，可以得到岗位评估汇总表，用于各岗位间及各因素间的比较，如表5-38所示。

表5-38 岗位评估汇总表

序号	岗位编号	岗位名称	1. 岗位知识和技能要求得分	2. 岗位贡献和影响力得分	3. 岗位责任和独立性得分	4. 岗位监督职责和管理幅度得分	5. 岗位沟通需要得分	6. 岗位解决问题的复杂性和创新性得分	7. 岗位工作环境得分	总得分
1										
2										
3										
4										

通过横向和纵向的分数比较，组织可以审视和检查评估的过程和结果。

第6章 人才盘点与人才梯队建设

人才盘点与人才梯队建设是提升人效的有效方式。人力资源管理者通过对人才盘点呈现出来的有价值的信息的分析，可以制定出具体、详细、组织层面的应对策略和行动计划，保障组织能够聚焦优秀人才，落实组织的整体业务战略，实现可持续增长；通过人才梯队建设，能够保证组织有持续的人才供应，不至于出现人才青黄不接的情况。

6.1 质量评判：人才盘点的方法

人才盘点有两种做法，一种是人才数量盘点，另一种是人才质量盘点。本书所讲的人才盘点是人才质量盘点。

比较常见的人才盘点通常可以落到三大维度上，结合这三大维度，人才盘点可以使用 3 种分析方法。实务中实施人才盘点的组织一般是从这三大维度中选择 1~3 个维度，从这 3 种分析方法中选择 1 种来实施人才盘点。

6.1.1 三大维度：通过这些维度盘点人才

在人才盘点比较成熟的组织中，人才盘点的维度通常存在一定的差异。这种差异主要源于组织文化、发展阶段和创始人意识形态的不同。

但有差异也有相同之处，不论哪种人才盘点方法，最终都指向最常见的三大人才质量维度，分别是态度维度、能力维度和绩效维度，如图 6-1 所示。

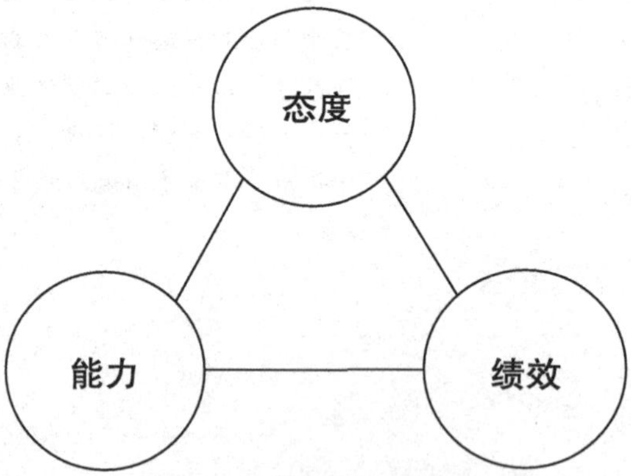

图 6-1 人才盘点的三大维度

态度包括员工工作的积极性，员工的主观能动性、主观意愿，员工对自身岗位的工作抱有多大的热情，员工为了把自己的工作做好愿意付出多大的努力，就是员工愿不愿意把工作做好。员工的价值观、敬业度、满意度等，一般属于态度维度的内容。

能力包括员工的个人素质、知识水平、技能水平、工作的经验或熟练程度，就是员工有没有这个能力把工作做好，或者员工做好工作的可能性有多大。员工的潜质、潜力、潜能等，一般属于能力维度的内容。

绩效包括员工在工作岗位上实际展现出来的成果，就是员工实际上有没有达成岗位要求的工作目标，有没有达到组织要求，有没有把工作做好。员工的绩效评级、工作成果、工作评价等，一般属于绩效维度的内容。

通过评估人才在态度、能力和绩效这 3 个维度上的表现，组织可以形成人才盘点统计表，如表 6-1 所示。

表 6-1　人才盘点统计样表

姓名	态度	能力	绩效
张三			
李四			
王五			

表 6-1 仅为示例，组织可以根据自身情况和需要对其进行丰富完善。

例如，组织可以对态度、能力和绩效这 3 个维度做进一步的细分。假如张三、李四、王五这 3 人的岗位相同，岗位需要的能力和绩效指标都相同，彼此之间具备一定的可比性，那么这 3 个维度中的每个维度都可以再做细分，便于彼此之间的比较。

6.1.2　3 类方法：人才盘点可使用的方法

准确盘点人才质量，需要方法的支持。要准确测评人才态度、能力和绩效这 3 个维度，需要的人才盘点方法和工具有所不同。

1. 态度维度测评

要测评员工的态度，可以运用人才测评的方法，常见工具包括心理测试、性格测试、领导力测试、思维能力测试、专家访谈、角色扮演游戏等。

2. 能力维度测评

要测评员工的能力，可以运用构建岗位胜任能力的方法，常见工具包括岗位胜任力模型、冰山模型等。

3. 绩效维度测评

要测评员工的绩效，可以运用绩效管理的方法，包括绩效管理工具、绩效管理程序和绩效评价方法。其中，绩效管理工具包括目标管理（Management By Objective，MBO）法、关键绩效指标（Key Performance Indicators，KPI）法、目标与关键成果（Objectives and Key Results，OKR）法、关键成功要素（Key Success Factors，KSF）法、平衡计分卡（Balanced Score Card，BSC）等。

绩效管理程序一般包括绩效指标分解、制定绩效计划、绩效辅导、绩效评价、绩效结果反馈和绩效结果应用等过程。

绩效评价方法一般包括 360 度评估法、关键事件法、行为锚定法、行为观察法、加权选择法、强制排序法、强制分布法等。

6.1.3 3 种分析：应当如何分析盘点结果

从态度、能力和绩效这 3 个维度进行人才盘点分析时，这 3 个维度既可以放到一起分析，也可以单独分析。如果放在一起分析，可以把其中 2 个维度放在一起分析，也可以把 3 个维度放在一起分析。所以人才盘点形成了 3 种常见的分析方法，分别是单维度分析、双维度分析和三维度分析。

1. 单维度分析：数量平面结构图法

单维度分析指针对人才盘点单个维度实施的分析，这种分析中最常见的分析方法是数量平面结构图法。所谓数量平面结构图法，指根据员工单个维度上不同程度的数量情况，画出数量结构比例对应的图形，并判断图形的优劣。

举例

某公司共有 1 000 人，公司对当前员工的能力情况进行盘点。其中能力较高的员工为 100 人，占比为 10%；能力中等的员工为 200 人，占比为 20%；能力较差的员工为 700 人，占比为 70%。此时，该公司员工的能力结构呈现出 1:2:7 的数量关系。

该公司员工能力结构的数量关系呈现一种金字塔结构，将这种数量关系转化成图形，如图 6-2 所示。

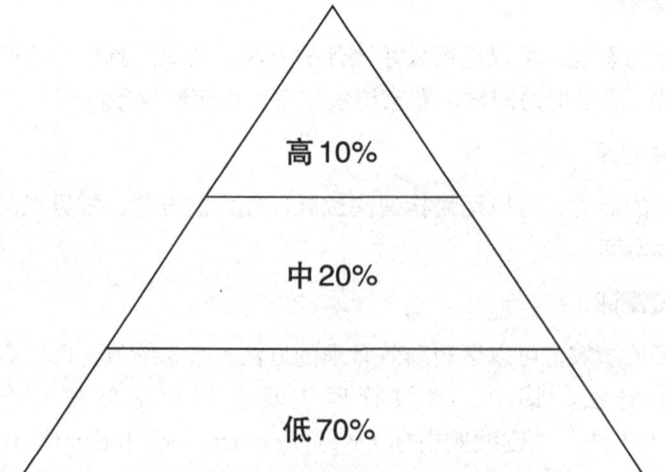

图 6-2 某公司员工能力结构的数量关系示意图

该公司处于快速发展时期，需要大量的人才储备，当前这种员工能力结构对公司未来发展显然是比较不利的，公司应当制定员工培养计划，提高员工的能力水平。

2. 双维度分析：坐标轴法

双维度分析指针对人才盘点中某 2 个维度实施的分析，这种分析中最常见的分析方法是坐标轴法。所谓坐标轴法，指以某一维度为横轴，另一维度为纵轴，在坐标系中设定高低大小关系，分成不同类别，根据员工的实际情况，将员工安放在这些类别中。根据不同类别的特点，组织采取相应的应对措施。

举例

某公司对人才的态度和能力 2 个维度实施人才盘点，把人才的态度和能力两个维度划分成“高”和“低”2 个层级，形成态度－能力 4 宫格人才盘点工具，如图 6-3 所示。

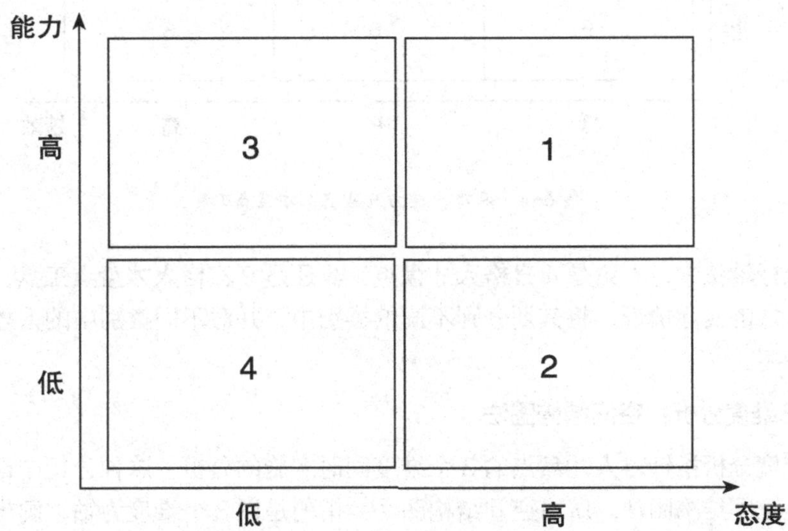

图 6-3　态度－能力 4 宫格人才盘点工具

“高”和“低”层级应当事先划分出明确的标准，不论是态度、能力和绩效的评价，都应遵循此标准。例如可以规定 70 分以上算“高”，70 分以下算“低”，也可以规定绩效被评为 A 级和 B 级算“高”，绩效被评为 C 级和 D 级算“低”。

4 宫格人才盘点工具是按照“高”和“低”2 个层级划分，把人才质量盘点的结果分成 4 种情况。除此之外，也可以按照“高”“中”“低”3 个层级划分，把人才盘点的结果分成 9 种情况。

举例

某公司对人才的绩效和能力 2 个维度实施人才盘点，把人才的绩效和能力 2 个维度划分成“高”“中”“低”3 个层级，形成绩效 – 能力 9 宫格人才盘点工具，如图 6–4 所示。

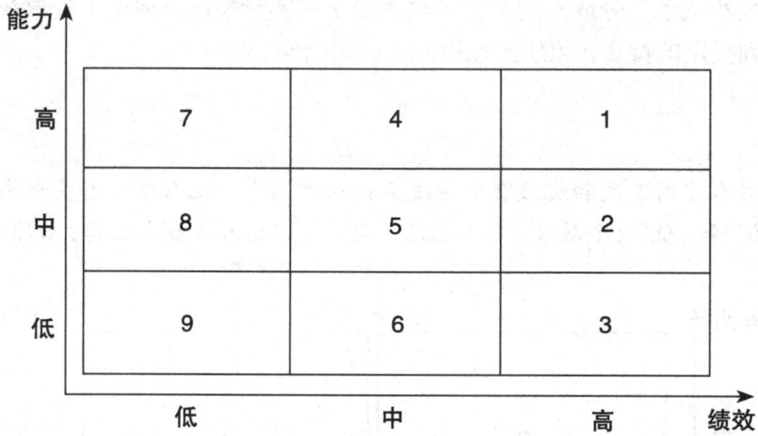

图 6–4　绩效 – 能力 9 宫格人才盘点工具

在坐标轴法中，不论是 4 宫格人才盘点工具还是 9 宫格人才盘点工具，下一步都是根据人才的实际情况，将其划分到不同的类别中，并对不同类别中的人才实施不同的应对策略。

3. 三维度分析：空间结构图法

三维度分析指针对人才盘点的 3 个维度同时实施的分析，这种分析中最常见的分析方法是空间结构图法。所谓空间结构图法，指的是以 3 个维度为轴，画出空间结构图，参照类似坐标轴法的分析方法，对人才实施分类。根据不同类别的特点，组织采取相应的应对措施。

举例

某公司对人才的绩效、能力、态度 3 个维度实施人才盘点，把人才的绩效、能力、态度 3 个维度划分成“高”和“低”2 个层级，形成人才盘点的 8 方格魔方工具，如图 6–5 所示。

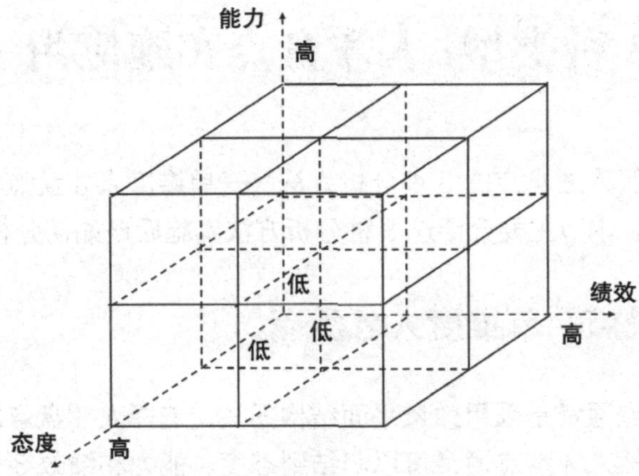

图 6-5 人才盘点的 8 方格魔方工具

与双维度分析中 4 宫格人才盘点工具和 9 宫格人才盘点工具的分类原理类似，三维度分析中同样可以将不同维度划分成“高”和“低”2 个层级和“高”“中”“低”3 个层级。

举例

某公司对人才的绩效、能力、态度 3 个维度实施人才盘点，把人才的绩效、能力、态度 3 个维度划分成“高”“中”“低”3 个层级，形成人才盘点的 27 方格魔方工具，如图 6-6 所示。

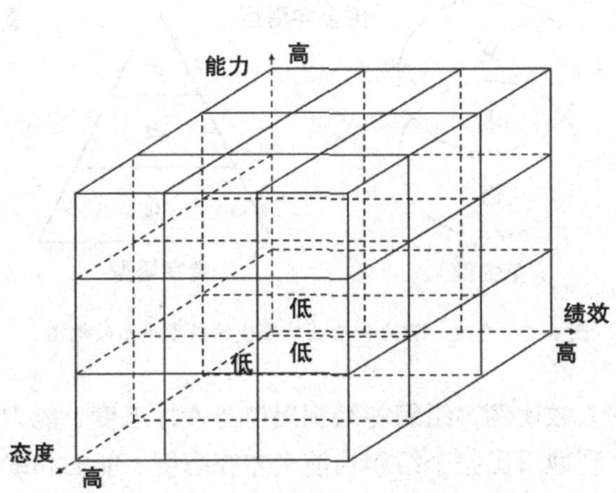

图 6-6 人才盘点的 27 方格魔方工具

6.2 3 种类型：人才盘点实施应用

前文分别提到了人才盘点的 3 种分析方法——单维度人才盘点、双维度人才盘点和三维度人才盘点。本节主要介绍这 3 种分析方法实施后该如何分析和应用。

6.2.1 一个重点：单维度人才盘点

单维度人才盘点通常是采用数量平面结构图法，选择人才盘点的单个维度实施盘点的分析方法。既然人才盘点通常可以归结到态度、能力和绩效 3 个维度，单维度人才盘点通常是在这 3 个维度中选择一种。

将态度、能力和绩效单维度分成“高”（优秀）、“中”、“低”（较差）3 个层级后，通常可以得到 5 种情况，得到的数量平面结构图分别是橄榄型、倒金字塔型、直方型、花生型、金字塔型，如图 6-7 所示。

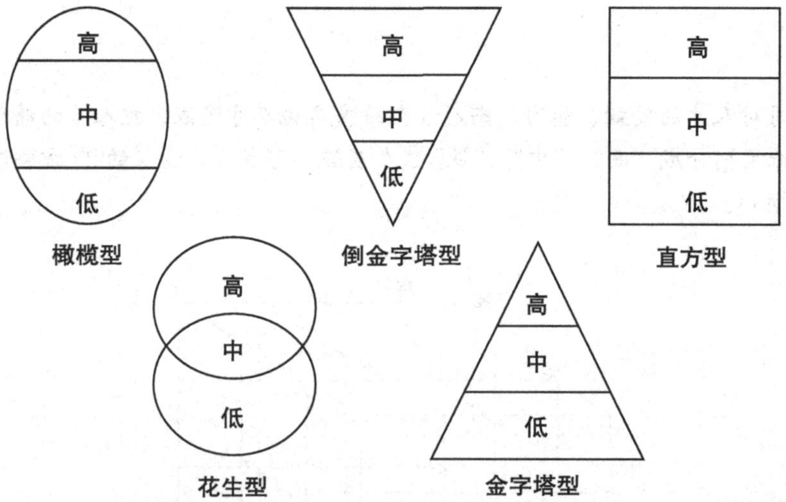

图 6-7 态度、能力和绩效单维度的数量平面结构图

根据每个层级的人数比例，组织能绘制出自身人才态度、能力和绩效的数量平面结构图，从而非常直观地看出整个组织当前人才在态度、能力和绩效维度的数量结构情况，为下一步采取相应措施提供依据。

1. 人才态度结构盘点

对人才态度结构的盘点来说，在橄榄型、倒金字塔型、直方型、花生型、金字塔型 5 种人才态度结构中，哪一种结构最优呢？

原则上应当是“高”（优秀）的人数越多越好，“低”（较差）的人数越少越好。所以在5种人才态度结构中，倒金字塔型是最优的。

一般来说，倒金字塔型＞直方型＞橄榄型＞花生型＞金字塔型（“＞”表示左边部分比右边部分更优）。

橄榄型态度结构虽然“低”（较差）的人数较少，但“高”（优秀）的人数同样较少，与直方型相比较差，与花生型和金字塔型相比较优。

直方型态度结构虽然“低”（较差）的人数不少，但“高”（优秀）的人数同样不少，3个层级的人数相当，比倒金字塔型差，但与其他3种结构相比较优。

花生型是结构虽然“高”（优秀）的人数较多，但“低”（较差）的人数同样较多，同时“中”的人数较少，是缺少承上启下的结构，比橄榄型更差，但比金字塔型略优。

金字塔型的人才态度结构最差，这种结构“低”（较差）的人数较多，“高”（优秀）的人数较少，非常不利于组织发展。

2. 人才能力结构盘点

对人才能力结构的盘点来说，在橄榄型、倒金字塔型、直方型、花生型、金字塔型5种人才态度结构中，哪一种结构最优呢？

一般来说，在快速发展、需要大量人才的组织中，倒金字塔型＞橄榄型＞直方型＞花生型＞金字塔型；在平稳发展、人才需求有限的组织中，橄榄型＞倒金字塔型＞直方型＞花生型＞金字塔型。

橄榄型能力结构处于“中”的人数是最多的，处于“高”和“低”的人数比较少。尽管从表面看组织高效能人才并不多，但如果组织需要，可以对较多能力处在中等水平的人才进行培养。因为处于“低”的人数也比较少，不至于对组织发展形成阻碍。

倒金字塔型能力结构表面看比较好，似乎代表组织中能力强的人非常多，人才济济。但一般来说，组织中能力差的人不应当占多数，否则组织发展就没有足够的人才支撑。同时，能力优秀的人也不需要占多数，因为组织提供的职业机会、发展空间和薪酬待遇都是有限的，如果优秀人才太多，反而会导致大部分优秀人才得不到锻炼或期望待遇，最终反而会迫使优秀人才选择离开组织，对组织发展不利。

如果组织处于快速发展时期，有足够的发展空间和平台提供给这部分高效能人才，那么优秀人才占比应当大一些。如果不是快速发展的组织，倒金字塔型能力结构会导致人才过剩，存在不稳定因素。对一般的组织来说，能力中等的人才占比为50%～70%是比较理想的状态。

直方型能力结构看起来比较平均，“高”“中”“低”能力的人才数量一样，但组织未来发展可能存在人才不足的状况。

花生型能力结构很容易导致人才断层现象，可能严重影响组织发展。

金字塔型能力结构中高效能人才太少，无法对组织发展形成支撑作用；能力较差的人又太多，容易拖累组织的发展。

花生型和金字塔型能力结构都是比较不健康的人才能力结构类型，如果出现，组织应马上采取行动。

3. 人才绩效结构盘点

对人才绩效结构的盘点来说，在橄榄型、倒金字塔型、直方型、花生型、金字塔型 5 种人才态度结构中，哪一种结构最优呢？

一般来说，对发展较好、资金或资源比较充足的组织来说，倒金字塔型 > 橄榄型 > 直方型 > 花生型 > 金字塔型；对发展情况一般或较差、资金或资源不充足的组织来说，橄榄型 > 倒金字塔型 > 直方型 > 花生型 > 金字塔型。

判断人才绩效结构优劣的原理与判断人才能力结构的原理有些类似。员工达到高绩效水平，代表着员工期望获得的奖励水平也会相应提高。如果资金或资源不允许组织为全部高绩效员工提供高额奖励，这时就会出现高绩效员工离职。

倒金字塔型绩效结构虽然是很多组织的期望，但组织如果不具备一定的资金或资源，对组织发展往往是不利的。

橄榄型绩效结构比较平稳，也是实践中大部分健康平稳发展的组织比较容易出现的绩效结构。

对大多数组织来说，直方型绩效结构也可以接受。比较不可接受的是花生型和金字塔型绩效结构，尤其是金字塔型绩效结构。组织出现这两种绩效结构时，应立即采取整改措施。

6.2.2 坐标归类：双维度人才盘点

双维度人才盘点通常是采用坐标轴法，选择人才盘点的 2 个维度实施盘点的分析方法。双维度人才盘点被广泛应用在各大组织的人才盘点实践中，后文介绍的阿里巴巴公司、华为公司和京东公司采用的人才盘点，都是运用坐标轴法实施的双维度人才盘点。

1. 态度 – 能力双维盘点

态度 – 能力双维盘点可以根据“高”“低”2 个层级采取态度 – 能力 4 宫格人才盘点工具，也可以根据“高”“中”“低”3 个层级采取态度 – 能力 9 宫格人才盘点工具。这里以态度 – 能力 4 宫格人才盘点工具的应用解析为例，如图 6-8 所示。

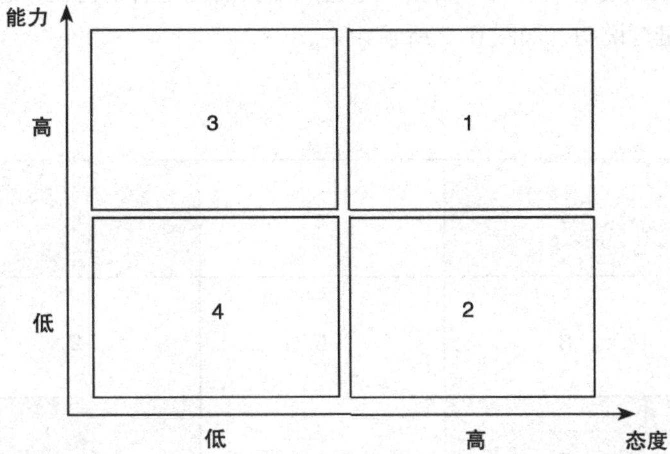

图 6-8　态度 - 能力 4 宫格人才盘点工具

第 1 象限代表人才工作积极性较高、能力较强。这类人才是组织的宝贵财富，是组织发展的中流砥柱。在推动组织发展、为组织创造价值方面，绝大多数贡献是由这部分人才完成的。

对于这类较杰出的人才，组织应重点给予晋升和培养，或提供一些特别福利、特殊照顾。如果组织持续对这类人才不闻不问，这些人才有可能受到竞争对手的青睐。当外部诱惑足够大时，这类人才很可能最终选择跳槽离开。

第 2 象限代表人才拥有较高的工作积极性，但在工作能力上有所欠缺。这类人才具备成为组织发展中坚力量的潜力。组织应为这类人才提供必要的培训，想方设法提高这类人才的能力水平，让这类人才朝第 1 象限努力。

第 3 象限代表人才能力虽然较强，但是工作积极性比较差，俗话叫“有劲儿不愿使”。对于这类人才，组织要对他们加强管理，通过完善的规章制度和科学的绩效管理来评估、规范和引导他们的行为，让他们也能够向第 1 象限靠拢。

第 4 象限代表人才工作态度较差，工作能力也较弱。这类人才对组织的相对价值较低。对待这类人才的策略通常是先具体了解和分析情况，可以给予一定的培训，加强绩效管理或制度建设，也可以实施必要的轮岗、降级或在本岗位中继续观察和锻炼。

这 4 类人才在组织中的比例一般是第 1 象限人才占比为 20% 左右，第 2 象限人才占比为 30% 左右，第 3 象限人才占比为 30% 左右，第 4 象限人才占比为 20% 左右。

2. 绩效 - 能力双维盘点

绩效 - 能力双维盘点同样可以根据“高”“低”2 个层级采取绩效 - 能力 4 宫格人才盘点工具，也可以根据“高”“中”“低”3 个层级采取绩效 - 能力 9 宫格人才盘点工具。这里以绩效－能力9宫格人才盘点工具的应用解析为例，选择其中比较有代表性的类型进行说明，如图6-9所示。

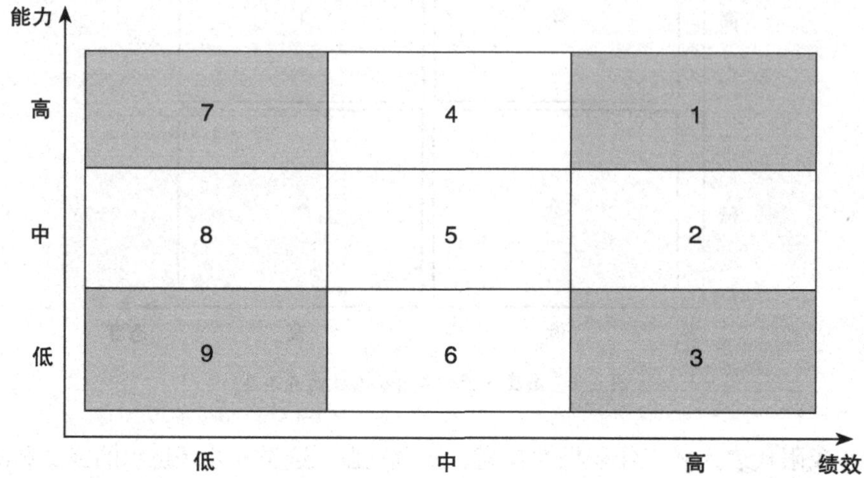

图6-9 绩效－能力9宫格人才盘点工具

第1象限代表绩效水平高、能力水平也高的人才。对于处在这个象限的人才，组织可以根据具体情况考虑给予晋升，给予这类人才更多的奖励或激励。组织应做好对这类人才的保留工作。

第9象限代表能力比较低、绩效水平也较低的人才。这类人才是否对组织没有价值呢？其实不是，这就看出不同双维盘点之间存在的差异。对于这类人才，组织要评估其工作态度。如果人才的工作态度没问题，那么绩效水平低的直接原因可能是因为人才能力水平较低，所以对于这类人才，组织可以加强培养和培训，或采取轮岗的方式。

例如许多应届生作为组织新员工入职时，通常能力水平较低，绩效水平也较低，这类人才基本都处在第9象限。但应届生中不乏吃苦耐劳、踏实勤奋等工作态度积极的人才，组织应重点关注并培养这类人才。

比较异常的人才类别是第7象限和第3象限。

第7象限代表人才能力水平较高，但绩效水平较低。这种情况可能要考虑人才的能力和绩效是否存在不匹配的情况。人才从事的岗位是否不能发挥其能力优势。组织可以考虑给员工调岗。也可能是人才的工作方式方法存在问题，需要做绩效指导；还有可能是人才的工作态度出现问题。组织需要具体了解清楚原因后，再尝试在绩效或制度上做出相应努力。

第3象限代表人才绩效水平较高，但能力水平较低。出现这种情况的原因较多，可能是人才所在岗位绩效和能力的相关性不大，也可能是绩效指标的设置出了问题，还可能是能力体系评估出了问题。组织同样需要根据实际情况，具体问题具体分析。

第 5 象限代表人才绩效水平中等、能力水平中等，是各维度表现比较适中的情况。在一个稳定发展的组织中，处于这个象限的人才通常不在少数。处于这个象限的人才能够在组织中起到承上启下的关键作用。

在绩效 – 能力 9 宫格人才盘点工具中，健康的人才结构存在一定的比例特征。一般组织中处在第 1 象限，也就是特别优秀的人不需要太多，通常为 10% ~ 20%；处在第 9 象限，也就是特别差的人也不应当太多，通常为 10% ~ 20%。大部分人应当处于中间水平。

3. 态度 – 绩效双维盘点

态度 – 绩效双维盘点同样可以根据“高”“低”2 个层级采取态度 – 绩效 4 宫格人才盘点工具，也可以根据“高”“中”“低”3 个层级采取态度 – 绩效 9 宫格人才盘点工具。本节以态度 – 绩效 9 宫格人才盘点工具的应用解析为例，选择其中比较有代表性的类型进行说明，如图 6–10 所示。

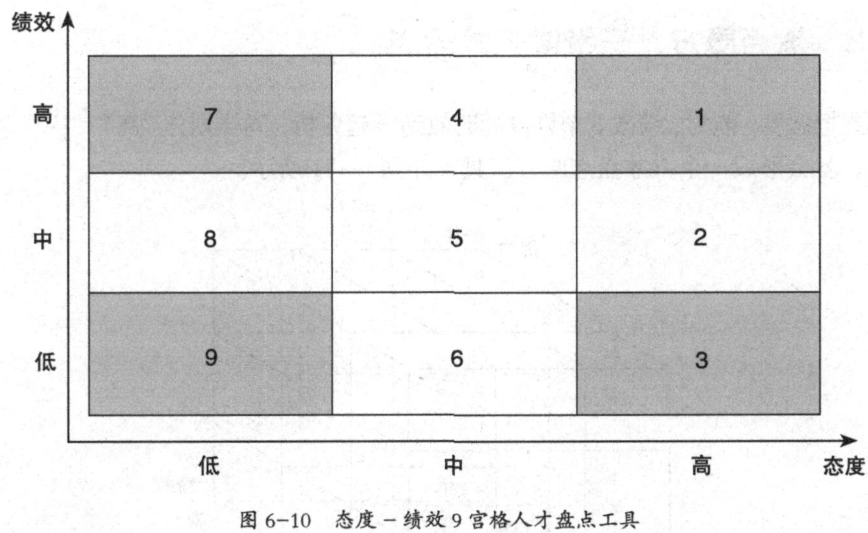

图 6–10 态度 – 绩效 9 宫格人才盘点工具

第 1 象限代表人才态度较好、绩效较高。这类人才属于组织的核心人才，是组织的核心人力资本，是组织要重点培养的人才。

第 9 象限代表人才态度较差、绩效较差。这类人才属于组织中比较差的人才，对组织发展通常是不利的，组织需要对其实施必要的调岗或培训等措施，在多次尝试无效后，可以选择淘汰。

第 3 象限代表人才态度较好、绩效较差。对待这类人才，组织要找到其绩效差的原因，根据情况给予绩效辅导。这类人才绩效差的原因可能是人岗不匹配，或者能力较差，此时组织应当给予必要的调岗或培训。如果在多次尝试后，这类人才的绩效水平仍然较差，组织同样可以选择淘汰。

第 7 象限代表人才态度较差、绩效较好。对待这类人才，不同组织的做法有所不同。有的组织主张要重用这类人才，因为组织不是员工思想的改造中心，在一个具有包容性的组织中，只要员工不起反作用，应当允许其有一定的个性。有的组织则认为要坚决清除这类人才，因为态度差的员工必然会影响周围的员工，让团队氛围变差。

当然，这里对态度的定义只是笼统概括，并没有分析某种具体态度。当分析某种具体态度时，对第 7 象限的人才盘点会相对比较明确。例如，阿里巴巴公司对员工态度盘点的重点放在员工的价值观与公司是否匹配上，阿里巴巴公司认为价值观与公司不匹配的人才不应该存在于公司内。

第 5 象限代表人才态度中等、绩效中等。这类人才是组织发展的重要支撑力量，组织也要关注并培养。

在态度 - 绩效 9 宫格人才盘点工具中，健康的人才结构同样存在一定的比例特征。一般组织中处在第 1 象限的人才通常为 10% ~ 20%，处在第 9 象限的人才通常为 10% ~ 20%，大部分人处于中间水平。

6.2.3 盘点魔方：三维度人才盘点

如果把态度、能力、绩效 3 个维度同时放到一起分析，同样划分“高”“中”“低”3 个层级，就会形成一个人才盘点魔方工具，如图 6-11 所示。

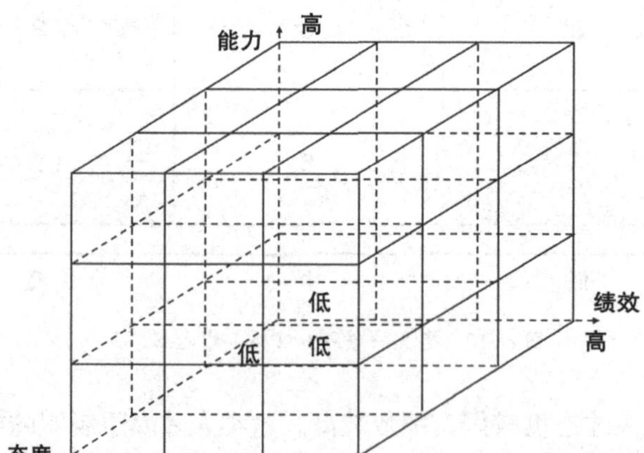

图 6-11　人才盘点魔方工具

人才盘点魔方工具虽然看起来比较复杂，但可以形成一个完整的人才分析体系。组织能够通过人才盘点魔方工具看到人才的态度、能力和绩效 3 个维度放在一起比较后的全貌。

人才盘点魔方工具最外侧格子中的人才，代表工作积极性高、工作能力比较强、绩效水平比较高的人才，是组织的核心人才，是组织最应该关注和保护的人才。处在人才盘点魔方工具最内侧底部靠近坐标轴心格子中的人才，代表工作积极性低、工作能力比较低、绩效水平也比较低的人才，是对组织价值最低的人才。

人数较多的组织（一般超过 10 000 人）或对管理要求较高的组织，可以用人才盘点魔方工具来实施人才盘点。规模不大、对人才管理要求相对不高，但也想运用此工具进行分析的组织，可以只划分“高”“低”2 个层级，这时能够得到人才盘点魔方工具的简化版，呈现出 8 种情况，如图 6-12 所示。

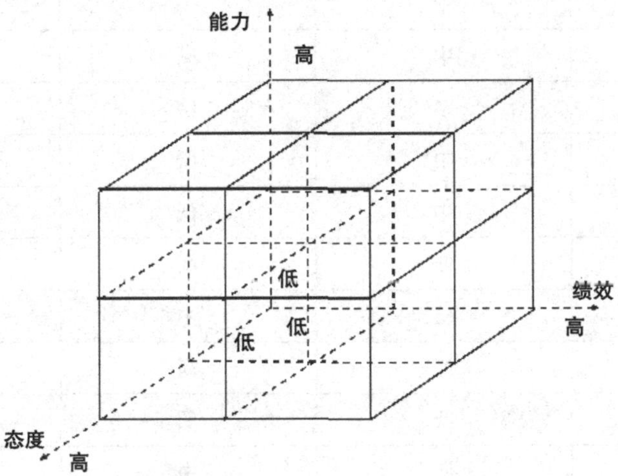

图 6-12 人才盘点魔方工具简化版

人才盘点魔方工具是 3 维立体图形，直接看可能并不直观。为直观表达人才分类情况，可以把人才盘点魔方工具里的格子通过表格的形式展示出来。图 6-11 中所有人才可以被分成 27 种情况，如表 6-2 所示。

表 6-2 人才盘点魔方工具的 27 种情况

情况	态度	能力	绩效
1	高	高	高
2	高	中	高
3	高	高	中
4	高	低	高
5	高	中	中
6	高	高	低
7	高	中	低
8	高	低	中

续表

情况	态度	能力	绩效
9	高	低	低
10	中	高	高
11	中	中	高
12	中	高	中
13	中	低	高
14	中	中	中
15	中	高	低
16	中	中	低
17	中	低	中
18	中	低	低
19	低	高	高
20	低	中	高
21	低	高	中
22	低	低	高
23	低	中	中
24	低	高	低
25	低	中	低
26	低	低	中
27	低	低	低

对于处在这 27 种情况中的人才，组织要注意这些情况背后的产生原因，以及可能需要采取的应对策略。对于人力资源管理比较成熟的组织来说，大部分人都处在各个维度中等左右的水平。这 27 种情况中，有些情况是人数较少或没人的，如果某种情况人数较多，可能代表管理存在异常，组织需要重点关注。

例如，情况 4 代表了人才工作态度很好、绩效很好，但能力很差，这属于比较异常的情况。如果把情况 9 和情况 4 放在一起比较，则更能够体现出情况 4 的异常。正常情况下，员工能力水平比较低时，一般其绩效水平也会相应较低。

这时候，组织要考虑出现这种情况的原因。假如能力评估没问题，要评估绩效指标设置是否存在问题；假如绩效指标设置没有问题，要评估能力水平的认定是否存在问题；如果两者都没问题，要评估该岗位绩效指标是否与员工能力的相关度较低；如果是，要判断这个岗位绩效指标和什么相关度较高。

如果这类人才持续保持高绩效、低能力，很难有动力主动提升自己的能力。如果未来情况变化，当这类人才所在岗位的绩效和能力相关性变得比较高，那么他们很可能会感到情绪受挫。所以，组织要想办法提高岗位能力需求和绩效水平之间的相关性。

比情况 4 更异常的是情况 22，也就是员工态度较差、能力较差，但绩效结果很好。导致这种情况的问题比较严重，而且问题很可能出在组织的绩效管理体系上。

情况 6 同样也是一种异常情况，员工工作态度很好、能力很强，但绩效水平比较低。如果是外界环境原因造成组织整体绩效水平比较低，则此情况没问题。如果不是这样，那么要评估原因，看员工努力的方向或方法是否出了问题。

出现情况 9 时，组织最应该给予员工培训和指导。这种情况是员工工作态度较好，但是能力和绩效都比较差。这时候员工往往具备一定的主观能动性和积极性，绩效较差的原因是能力水平较低，所以需要组织重点关注。

情况 19 虽然看起来也属于一种异常情况，但相对而言反而可能是组织希望看到的。组织不可能期望和要求每位员工都能保持良好的工作态度。通过管理，让员工即便工作态度不积极，但是仍然能够做出组织期望看到的行为，得到有助于组织战略发展的结果，达到组织期望看到的绩效目标，对于大多数组织来说，这已经代表着人力资源管理的成功。

出现情况 24 时，组织最应该给员工提供绩效管理方面的引导。这种情况下，员工本身的能力没问题，绩效水平低很可能由于工作态度上的消极。这时候管理上的引导就显得非常重要。有的组织会把焦点放在员工的态度上，想尽一切办法改变员工的工作态度。这种想法和做法的结果通常很难成功，因为人的态度很难改变，组织其实不需要总想着改变员工的态度。

通过人才盘点魔方工具，组织不仅能对人才进行分类，并且通过对人才类型的进一步分析，还能够检验出组织态度测评体系、能力测评体系和绩效测评体系的运行情况，同时能根据具体情况，制定下一步对待不同类型人才的具体行动计划。

需要注意的是，人才盘点魔方工具实施起来较为复杂，不容易把握，管理成本较高。中小组织应当谨慎选用，可以借鉴人才盘点魔方工具的思维或方法，而不一定要照搬该工具的形态来分析组织的人才情况。

6.3 后备力量：人才梯队建设方法

人才梯队建设是一项系统工程，需要遵循一定的实施原则。要保证人才梯队建设实施成功，组织要在划定组织管理机构后，按照人才梯队建设的实施逻辑，让各管理机构各司其职，各尽其责，完整全面地操作。

6.3.1 系统工程：人才梯队建设基本原则

人才梯队建设并不是单纯的人才招聘或培训工作，也不是专属于某个部门的工作。组织实施人才梯队建设，需要遵循以下三大原则，如图 6-13 所示。

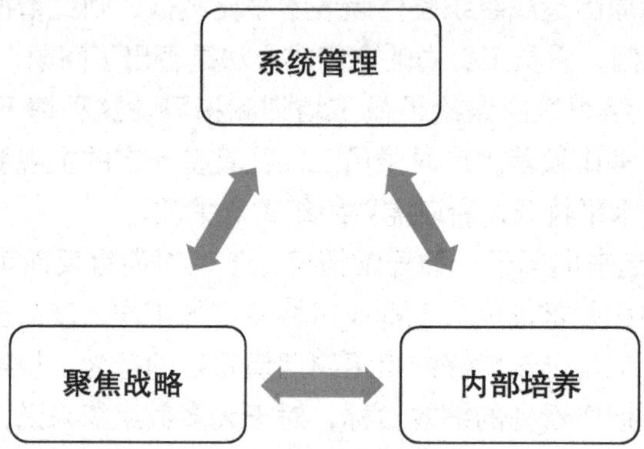

图 6-13 组织实施人才梯队建设的三大原则

1. 系统管理

人才梯队建设是一项系统的工程，应当与人力资源规划、岗位管理、能力管理、招聘管理、培训管理、职业发展、绩效管理、薪酬管理、员工关系管理等模块有机结合、相互支持，从顶层设计的角度系统性地发挥作用。

2. 内部培养

人才梯队建设中待培养的后备人才应以内部现有人才为主，以外部临时招聘的人才为辅。内部人才更熟悉组织文化，更适应组织环境。如果内部存在工作多年、具备一定能力潜质的员工，组织应优先重点培养他们。

3. 聚焦战略

组织实施人才梯队建设的目的是实现战略，因此人才梯队建设要聚焦战略、围绕战略、服务战略。人才梯队建设的结果，是按照实现战略需要的能力要求和人才数量，保质保量地培养出战略需要的人才。

6.3.2 机构支持：人才梯队建设组织机构

为保障人才梯队建设有效实施并取得理想的效果，人才梯队建设工作需要组织机构的支撑。能对人才梯队建设形成有效支撑的组织机构如图 6-14 所示。

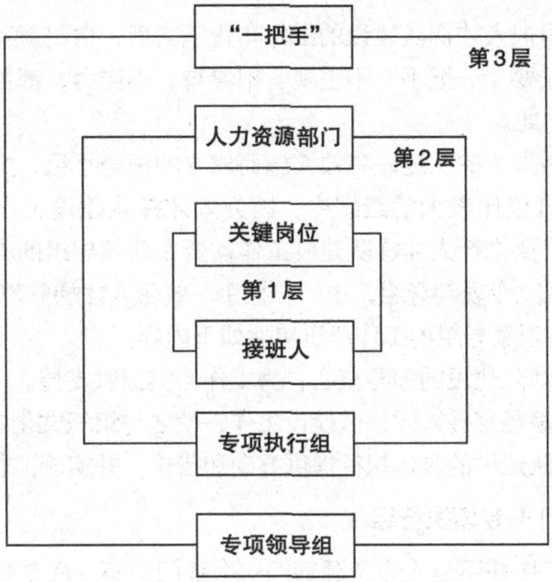

图 6-14　有利于人才梯队建设的组织机构

要保证人才梯队建设的落地实施，组织机构设计可以分成 3 层。

第 1 层：核心层

核心层是人才梯队建设中最关键的一层，包括关键岗位与接班人（后备人才）。如果每一个关键岗位都重视对接班人的选拔、培养、评价，都能比较好地担任接班人的导师，组织的人才梯队建设工作就能自然有效地完成。

第 2 层：监督层

监督层由人力资源部门和人才梯队建设的专项执行组构成，在人才梯队建设中起到了承上启下的作用。监督层既能监督核心层的执行情况，又能落实管理层的要求，还能根据人才梯队建设的执行情况和组织战略需要，安排接班人执行查漏补缺式的集中培训。

第 3 层：管理层

管理层由"一把手"和人才梯队建设的专项领导组构成，在人才梯队建设中起到了顶层设计的作用，统领着第 1 层和第 2 层。管理层指引人才梯队建设的思路，决定人才梯队建设的大方向。

6.3.3　职责保障：人才梯队建设各方职责

人才梯队建设中各方的职责如下。

1. "一把手"+ 专项领导组

"一把手"在人才梯队建设工作中的角色最重要。有的组织"一把手"喜欢当

“甩手掌柜”，以为把人才梯队建设的工作布置下去后，自己就可以高枕无忧。实际上，任何管理工作只要“一把手”不重视、不参与、不作为，都很难在组织中落地，人才梯队建设也是如此。

专项领导组是为人才梯队建设有效实施而成立的领导小组，主要负责人才梯队建设的领导工作。在规模比较大的组织中，因为人才梯队建设工作比较复杂，“一把手”的事务比较多，要推行人才梯队建设工作需要专项领导组的支持。规模比较小的组织中，可以不必成立专项领导组，由“一把手”统领人才梯队建设工作。

“一把手”+专项领导组的工作职责包括如下内容。

（1）作为人才梯队建设的领导核心，为工作落实提供支持。

（2）通过各种途径宣传人才梯队建设工作，使之与组织文化融为一体。

（3）对人才梯队建设的具体执行提供方向和措施，并实施监督指导。

2. 人力资源部门 + 专项执行组

人才梯队建设工作并不是人力资源部门一个部门的事，而是整个组织的事。人力资源部门在人才梯队建设工作中主要起到承上启下、监督执行和过程纠偏的作用。

专项执行组是为人才梯队建设有效实施而成立的执行小组，主要负责人才梯队建设的执行、监督、检查工作。在规模比较大的组织中，因为人才梯队建设工作比较复杂，人力资源部门一个部门难以完成承上启下的落实执行工作，需要专项执行组的支持。规模比较小的组织中，可以不必成立专项执行组，由人力资源部门负责落实执行。

人力资源部门+专项执行组的工作职责包括如下内容。

（1）跟进人才梯队建设的工作执行情况。

（2）配合管理者完成接班人的甄选、培养、考核与监督。

（3）发现接班人基础能力和通用能力的差距，定期组织比较高层级的集中培训。

（4）定期向组织“一把手”或专项领导组汇报后备人才的成长情况和人才建设的执行情况。

3. 关键岗位

组织各大关键岗位是人才梯队建设落实执行的主要责任人。如果关键岗位对这项工作不重视，人才梯队建设工作将难以落实。

关键岗位的工作职责包括如下内容。

（1）寻找本岗位的接班人。

（2）对接班人实施培养。

（3）对接班人的成长进行评价。

4. 接班人

接班人是人才梯队建设中被甄选出的待培养对象，是接替关键岗位的人选。接班人要具备一定潜质，要积极主动配合培养工作的实施。

接班人的工作职责包括如下内容。

（1）配合并完成学习成长计划。

（2）配合并接受绩效考核和人才评价。

（3）对组织的人才梯队建设与人才培养工作提出意见。

6.3.4　实施逻辑：人才梯队建设八大环节

组织为人才付费，本质上是为人才的能力付费；组织雇用人才，本质上雇用的是人才的能力，所谓人才的能力就是人才为组织创造价值的可能性。如果组织具备批量“生产”与“复制”人才的能力，那么就掌握了在人才问题上的主动权。

完整的人才梯队建设有 8 个环节，如图 6-15 所示。

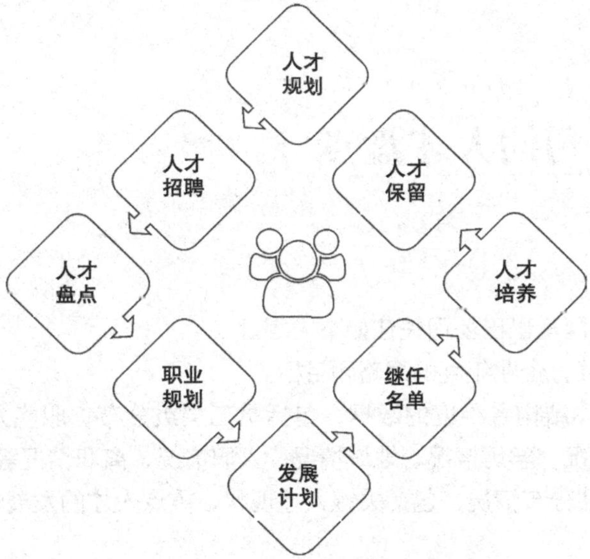

图 6-15　人才梯队建设的 8 个环节

要实施人才梯队建设，首先要有人才规划，也就是组织到底需要多少人，这些人的质量如何。在这个环节，人才的数量需求也许比较容易回答，但质量需求也应有效地回答，也就是组织需要人才具备怎样的素质，具备怎样的能力。

有了人才规划后，就需要进行人才招聘。人才招聘工作和人才梯队建设工作有很重要的联系。在培养合格人才前，首先要保证人才队伍具备一定的基础素质。

除了盘点外部招聘的人才，还要对内部的人才做盘点，以了解组织内部人才的质量情况。质量比较好的人才就是组织的核心人才，要重点培养和发展。质量比较差的人才，就没有必要耗费资源来培养，只需要让这些人才做好自己该做的事就行。

人才盘点之后，还要了解人才的职业规划，同时要帮助人才制定个人发展计划。这两个环节是组织从人才的角度激发其成长欲望。并不是所有的人才都期望走升职加薪的路线，这两个环节正是发现人才职业需求，帮助人才实现职业需求的过程。

人各有志，组织不可能要求每一个表现优秀的人才都去做管理者，得人才自己愿意才行。经过这两个环节后，组织就能知道谁从主观上愿意接受培养，愿意承担更大的责任。之后，组织就可以形成继任名单，也就是关键岗位的接班人名单。

有了接班人名单之后，组织就可以实施人才培养了。当然，除了人才培养，组织还要做好人才保留工作。不然组织培养出来的人才可能最后没有留下，变成“竹篮打水一场空”。

这 8 个环节是比较通用的，是组织进行人才梯队建设的方法论。不同的组织可以根据自身实际情况做调整，可以在某些环节上增加或减少工作内容，可以给不同环节划分重点或非重点，但基本上这些环节都要在一定程度上考虑到。

实战案例

阿里巴巴公司的人才盘点

1. 组织层面

在组织层面，阿里巴巴公司关注如下内容。

（1）业务布局，企业年度的战略和目标。

（2）人才整体结构各维度的数据，包括员工层级分布、职能分布、工龄情况、年龄情况、性别情况、学历情况、地域情况、入职情况、离职情况等。

（3）关键人才分布情况，包括关键人才现状、重点人才的发展情况等。

2. 团队层面

在团队层面，阿里巴巴公司关注如下内容。

（1）人才梯队建设的盘点，通常从各级管理者往下至少看两层，看其是否完整。

（2）人才价值观和绩效的盘点，根据价值观和绩效的 9 宫格工具盘点人才的属性。

（3）团队管理行为的盘点，包括团队雇用了什么人、解雇了什么人、调来了哪些人、调走了哪些人、表扬了哪些人、批评了哪些人等。

3. 个人层面

在个人层面，阿里巴巴公司关注如下内容。

（1）个人的价值观情况。

（2）个人的绩效情况。

（3）个人的能力情况。

（4）个人的特质情况。

（5）个人的潜质情况。

通过人才盘点，阿里巴巴公司根据员工的价值观和绩效，把员工分成 5 个类别，并以不同的名称描述，分别是明星、牛、狗、野狗、兔子，如图 6-16 所示。

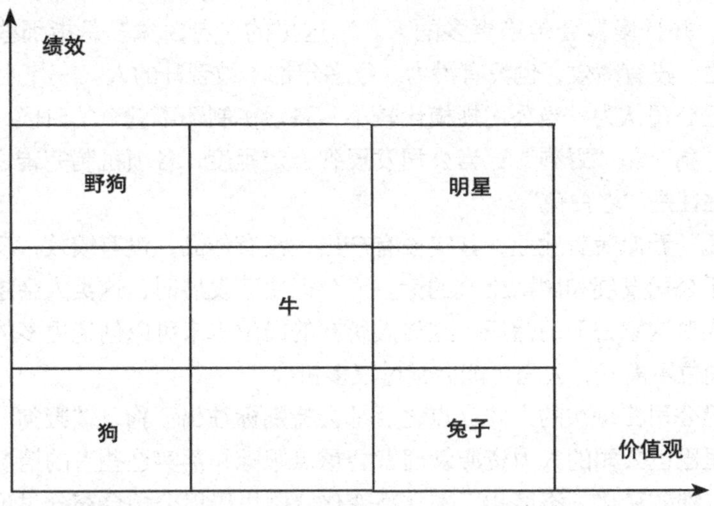

图 6-16　阿里巴巴公司人才盘点后划分的人才的 5 个类别

（1）明星指的是价值观和阿里巴巴公司的价值观非常相符，水平也非常高的人才。

（2）野狗指的是绩效非常优秀，但是价值观和阿里巴巴公司的价值观不符的人才。

（3）牛指的是价值观基本相符，绩效也基本达标的人才。

（4）兔子指的是绩效较差的老好人。

（5）狗指的是绩效和价值观都不达标的人才。

在这 5 类人才中，“明星”的比例通常为 20% ~ 30%，“牛”“兔子”“野狗”的比例通常为 60% ~ 70%，“狗”的比例通常为 10% 左右。阿里巴巴公司鼓励管理者给自己的下属打分，并且根据这个比例原则对员工进行排序。

阿里巴巴公司强调各部门管理者参与和实施人才盘点的表现之一是，通过强调管理者的责任，让管理者关注下属。据说通过这种方式，管理者对下属的关注度将会提高 60%。针对人才盘点的结果，阿里巴巴公司采取的策略是，消除“狗”和“野狗”，请走“老白兔”（指长期人才盘点结果均为“兔子”的人）。

“狗”因为绩效和价值观都不达标，所以要坚决清除。“野狗”虽然绩效达标，但是价值观与阿里巴巴公司的价值观不符，如果不能使其迅速提高对价值观的认同度，成为“明星”，可能会呈现出强大的反作用力。这种反作用力在绩效数据的掩盖下，可能会给团队带来强大的负能量，长期下去整个团队的价值观认同可能会被削弱，甚至走向反面。阿里巴巴公司对“狗”和“野狗”采取的是零容忍的态度，采取的是从严、从重、从快、公开处理的方针。

阿里巴巴公司的人才盘点会重点关注“老白兔”。马云说：“小公司的成败在于聘请什么样的人，大公司的成败在于开除什么样的人。大公司中有很多‘老白兔’，他们不干活，并且慢慢会传染更多的人。”这里的“老白兔”是指那些在公司很多年，没有能力，没有绩效，也没有潜力，很多年都不被晋升的人。

阿里巴巴公司认为，当公司规模比较小，各项机制还不健全的时候，对公司伤害比较大的是“狗”和“野狗”；当公司发展到一定程度，各项机制完善之后，对公司伤害最大的往往是“老白兔”。

“老白兔”看似兢兢业业，其实没有产出，没有作品，没有绩效，反而偶尔还会说一些不利于公司发展和团队士气的话。当公司快速发展时，这类人会越来越多，会影响很多新人对这家公司的信任。这类人所在的岗位本来可以创造更多的价值，因为他们占据了岗位不离开，公司可能会错过很多机会。

阿里巴巴公司在每次的人才盘点之后都会特别标注出“狗”“野狗”“老白兔”型的人。阿里巴巴公司的人力资源管理者会重点跟踪和落实这些人的情况，关注他们的岗位变化、绩效变化、态度和工作状态变化。阿里巴巴公司会充分讨论这些人的岗位调整和去留问题，确保组织的正常运转。

实战案例

华为公司的人才盘点

华为公司在人才盘点中曾经采用 4 个比较经典的工具。

1. 绩效－素质双维人才盘点

华为公司在人才盘点方面，曾采用过比较经典的双维盘点工具，对人才从绩效和素质 2 个维度进行分析。其中，绩效维度主要指的是员工的绩效结果评价情况，素质维度主要指的是员工的态度和能力情况。

华为公司绩效－素质双维人才盘点示意如图 6-17 所示。

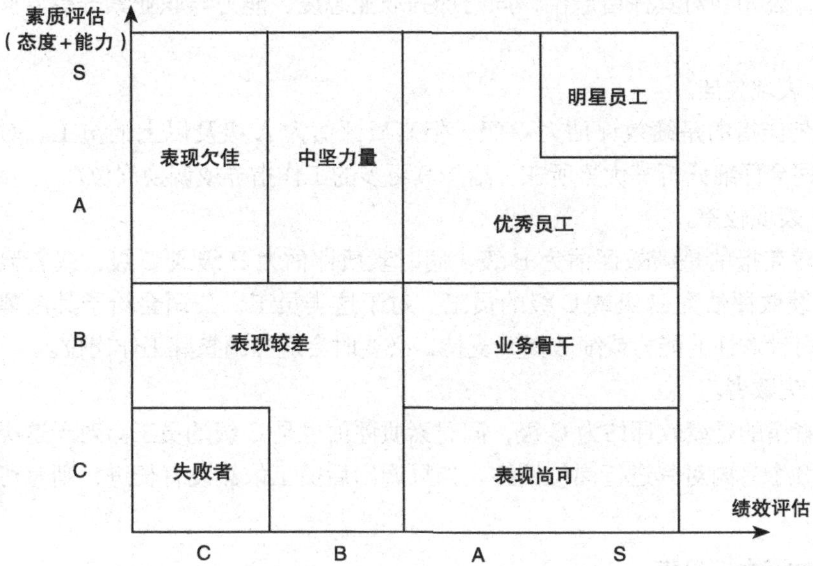

图 6-17 华为公司绩效－素质双维人才盘点示意图

华为公司一开始的绩效和素质评估分别分成 S、A、B、C 共 4 个层级，其中 S 级为最高级，C 级为最低级。后来又分成 A、B+、B、C、D 共 5 个层级。层级划分方式不影响人才盘点方法论的应用，本书使用 S、A、B、C 的划分方法做解析。

华为公司的人才盘点结果可以分为 8 类。

（1）明星员工。

明星员工指的是绩效评估为 S 级，素质评估也是 S 级的员工，这类员工是公司升职加薪的主要人选。

（2）优秀员工。

优秀员工指的是绩效评估为 A 级及以上，同时素质评估也是 A 级及以上的非明星员工。公司会积极培养这类员工，给予其更多机会。

（3）业务骨干。

业务骨干指的是绩效评估为 A 级及以上，但素质评估为 B 级的员工。对于这类员工，公司会适当加强职业素养培训和能力锻炼，让其成为公司的内部骨干，通过素质和能力成长，让其向优秀员工的行列发展。

（4）中坚力量。

中坚力量指的是绩效评估为 B 级，素质评估为 A 级及以上的员工。对于这类员工，公司会考虑其进一步发展，给予其更大的绩效责任，并加强对这类员工在绩效达成过程中的指导。

（5）表现尚可。

表现尚可指的是绩效评估为 A 级及以上，但素质评估为 C 级的员工。这类员工比较特殊，公司会对其保留原位，同时加强职业态度、能力与职业素养等方面的培养与训练。

（6）表现欠佳。

表现欠佳指的是绩效评估为 C 级，但素质评估为 A 级及以上的员工。对于这类员工，公司会仔细分析其优势所在，给予其更多的工作指导或调换岗位。

（7）表现较差。

表现较差指的是绩效评估为 B 级，同时素质评估为 B 级或 C 级，或者素质评估为 B 级，绩效评估为 B 级或 C 级的员工。对于这类员工，公司会给予其温馨提示，向其提供有针对性的能力或绩效提升支持，必要时会适当调整其工作岗位。

（8）失败者。

失败者指的是绩效评估为 C 级，同时素质评估也是 C 级的员工。对于这类员工，公司会在 3 个月内对其进行岗位调整。如果调岗后员工依然没有长进，则有可能会被淘汰。

2. 人才潜力评价表

在开展绩效 - 素质双维人才盘点后，对于绩效评估和素质评估都较优的员工，华为公司还会评价其潜力。对于有潜力的员工，华为公司会重点培养或使其晋升。华为公司采用过的人才潜力评价表如表 6-3 所示。

表 6-3　人才潜力评价表

潜力测评维度	人际情商	结果导向	思维心智	变革创新
定义	对应人际敏锐力，指拥有卓越的沟通、冲突管理、自我察觉、自我提高、组织等能力	对应结果敏锐力，指能够克服困难，打造高绩效团队，激发团队的高能动力	对应思维敏锐力，指视野广阔，能够从容应对各类环境，思路清晰，能够有效解读外部信息和进行内心思考	对应变革敏锐力，指永不满足，热衷创意，领导变革，能够引入新的观点
标准 1	对人际关系有较高的敏感度	有较强的自我驱动力和能动性	在专业领域有较强的专业能力和视野	不满足现状，持续改善
得分（1 ~ 5 分）				
标准 2	能够通过交流有力地影响他人	愿意付出足够的努力，吃苦耐劳	能提出解决问题的有效方法	愿意迎接挑战，不轻易放弃
得分（1 ~ 5 分）				

续表

潜力测评维度	人际情商	结果导向	思维心智	变革创新
标准 3	能够倾听和接纳不同的意见和处理负面情绪	具有较高的绩效标准，能激发团队动力	能从容面对复杂的环境	善于引入新的观点和方法
得分（1 ~ 5分）				
标准 4	能够自我察觉内在情绪和自我进化	能鼓励自己和他人发挥绩效潜力	能清晰地思考并向他人解读	热衷收集和尝试新的方案与创意
得分（1 ~ 5分）				
标准 5	善于组织和协调各方	为达成结果，不拘泥某种方法	善于发现错误，并将其视为改进机会	能够推动变革
得分（1 ~ 5分）				

对一名员工，按照人才潜力评价表，对标准 1 ~ 5 分别打分，并将分数汇总。分数汇总后，不同得分对应人才潜力评价结果如表 6-4 所示。

表 6-4　不同得分对应人才潜力评价结果

总得分	20 分及以上	14 ~ 19 分	8 ~ 13 分	7 分及以下
对应结果	高潜力	中潜力	较低潜力	低潜力

3. 工作定量分析及效能提升表

对于在职员工的工作情况，华为公司会定期分析并努力提高员工的工作效率。华为公司曾使用工作定量分析及效能提升表，如表 6-5 所示。

表 6-5　工作定量分析及效能提升表

频率	性质	主要工作内容	用时 / 时	日均小时数	占日均实际工作量的比例	结合公司和部门目标，实现效率提高的方法	工作调整后用时 / 时	工作调整后日均用时 / 时	工作调整后占日均实际工作量比例
每天	固定	面试	5	5	59.17%	1…… 2……	4	4	61.07%

续表

频率	性质	主要工作内容	用时/时	日均小时数	占日均实际工作量的比例	结合公司和部门目标，实现效率提高的方法	工作调整后用时/时	工作调整后日均用时/时	工作调整后占日均实际工作量比例
每天	固定	发布招聘信息	1	1	11.83%	1…… 2……	0.5	0.5	7.63%
每天	非固定	指导实习生	0.5	0.5	5.92%	1…… 2……	1	1	15.27%
每周	固定	参加并准备人力资源周例会	8	1.6	18.93%	1…… 2……	4	0.8	12.21%
每月	固定	与劳务派遣公司结算	4	0.2	2.37%	1…… 2……	3	0.15	2.29%
每月	非固定	猎头、劳务派遣费用审批、流转	3	0.15	1.78%	1…… 2……	2	0.1	1.53%
合计				8.45	100%			6.55	100%

4. 岗位评估组织机构图

为整体把握团队内部各岗位的工作情况，评估各岗位的工作成果，华为公司曾使用岗位评估组织机构图。岗位评估组织机构图是将团队的编制情况、团队内部各成员的绩效情况、司龄情况、职位等级情况等表示在一张组织机构图中，并快速判断、查找和发现团队问题的方法。岗位评估组织机构样图如图 6-18 所示。

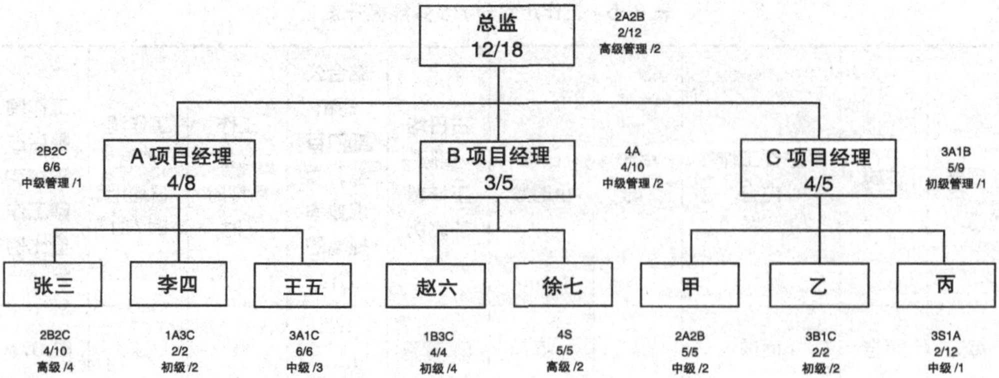

图 6-18　岗位评估组织机构样图

在图 6-18 中，方格内包含了岗位名称和该岗位从业人员。对于方格内的数字信息，前一个数字表示所在部门现有人数，后一个数字表示部门编制人数。通过部门现有人数和编制人数，公司能看出团队人员缺失情况。

对于方格旁边的信息，第 1 行表示该岗位过往连续 4 次绩效周期绩效评估结果。通过过往连续 4 次绩效周期绩效评估结果，公司能够看出岗位人员的绩效水平和稳定性。

第 2 行第 1 个数字表示该岗位人员当前的司龄年限，代表岗位人员在本公司的工作年限；第 2 个数字表示该岗位从业人员的工龄年限，代表岗位人员曾有过的工作年限。通过司龄年限和工龄年限，公司能看出岗位人员的经验情况。

第 3 行的第 1 个信息表示该岗位人员当前的职位等级，第 2 个信息表示人员处于当前职位等级的年限。通过职位等级和从事职位等级的年限，公司能够了解当前岗位人员的能力和经验情况。

华为公司把对人才的整体评价分成卓越、合格、基本合格与不合格。通过岗位评估组织机构样图中过往连续 4 次绩效周期绩效评估结果的评价，公司能对当前人员得到如下结论。

（1）绩效评估结果为卓越的人为：徐七、丙。

（2）绩效评估结果为合格的人为：B 项目经理、C 项目经理、王五、甲。

（3）绩效评估结果为基本合格的人为：总监、李四、乙。

（4）绩效评估结果为不合格的人为：A 项目经理、张三、赵六。

运用岗位评估组织机构图实施团队人员的管理与评价，能够做到结果一目了然，能够有效提高管理效率。

☑ 实战案例

京东公司的人才盘点

京东公司曾采用经典的双维人才盘点工具，以潜力和绩效作为人才盘点的 2 个维度，每个维度分成“高”“中”“低”3 个层级。潜力指的是人才值得培养的程度，绩效指的是绩效结果。京东公司双维人才盘点工具如图 6-19 所示。

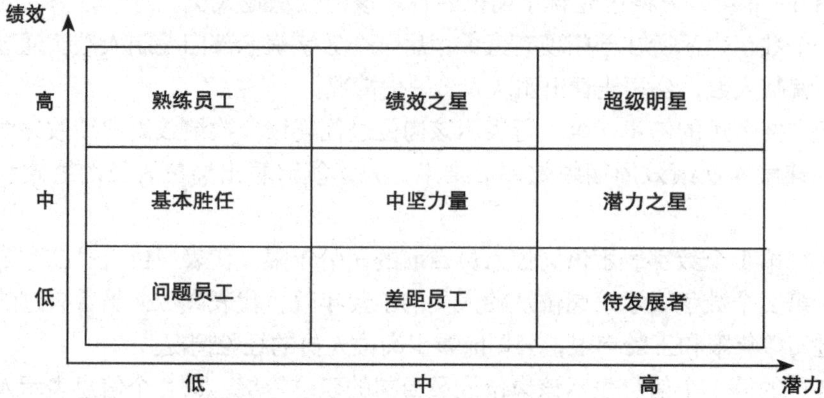

图 6-19　京东公司双维人才盘点工具示意图

1. 超级明星

超级明星指的是潜力较大、绩效较好的员工。这类员工会展现出非常优秀的绩效表现和未来的发展潜能。如果公司不为这类员工安排新的挑战或机会，他们可能会倦怠，甚至离职。

应对策略：激励倾斜，重点保留，加薪，晋升，让这类员工承担更大的责任。

2. 潜力之星

潜力之星指的是潜力较大、绩效中等的员工。这类员工的绩效一般，但潜力突出，可能是由于工作动力不足或人岗匹配问题。

应对策略：可考虑晋升或加薪，挖掘正确的激励方式，设置绩效相关的挑战目标。

3. 待发展者

待发展者指的是潜力较大、绩效较差的员工。这类员工的潜力突出，绩效却较差，原因可能是到岗时间不长尚未适应，可能是工作动力不足，也可能是与团队管理者对工作的看法不一致，造成能力得不到发挥。

应对策略：根据实际情况分析原因，给予辅导和培训，给予资源支持和机会，帮助其提升绩效。

4. 绩效之星

绩效之星指的是潜力中等、绩效较好的员工。这类员工在现岗位上表现优秀，有一定的发展潜能，公司需要对其进行进一步开发。

应对策略：重点保留，合理激励，考虑晋升或加薪，扩大职责，给予其锻炼机会。

5. 中坚力量

中坚力量指的是潜力中等、绩效中等的员工。这类员工已经达到现职务的绩效标准，并具备一定的发展潜力，是可以依靠的稳定贡献者。

应对策略：给予关注和辅导，给予挑战性的任务。

6. 差距员工

差距员工指的是潜力中等、绩效较差的员工。这类员工在之前的工作经历中显示出一定的潜力，但当前绩效水平较低，可能是因为尚未适应岗位。

应对策略：分析原因，给予支持；调整岗位，继续观察；降职降薪，给予绩效辅导。

7. 熟练员工

熟练员工指的是潜力较小、绩效较好的员工。这类员工在现岗位上绩效非常突出，但潜力不足，是企业中“老黄牛”型的人才。

应对策略：稳定激励，扩大职责，给予支持，使其在现岗位上继续发展。

8. 基本胜任

基本胜任指的是潜力较小、绩效中等的员工。这类员工基本能达到岗位绩效要求，但潜力有限，短板较明显，胜任范围有限，可能后劲不足。

应对策略：留任现岗位或适当调岗，确保绩效稳定，并给予一定辅导和培训。

9. 问题员工

问题员工指的是潜力较小、绩效较差的员工。这类员工没有达到职务要求的绩效标准，能力水平有限，潜力不足，急需提升。

应对策略：如果是关键岗位的员工，确认存在继任者，应给予其一定轮岗培训或直接将其淘汰。

☑ 实战案例

某上市公司人才梯队建设

某上市公司是一家财务管控型的集团公司，该集团公司共有 6 000 余人，下设 20 余家子公司，各子公司分别从事不同的关联产业。在这些子公司中，有大约 1/3 属于高新技术生产制造业，大约 2/3 属于劳动密集型生产制造业。

该上市公司非常重视人才培养和人才梯队建设，实施人才梯队建设的逻辑如图 6-20 所示。

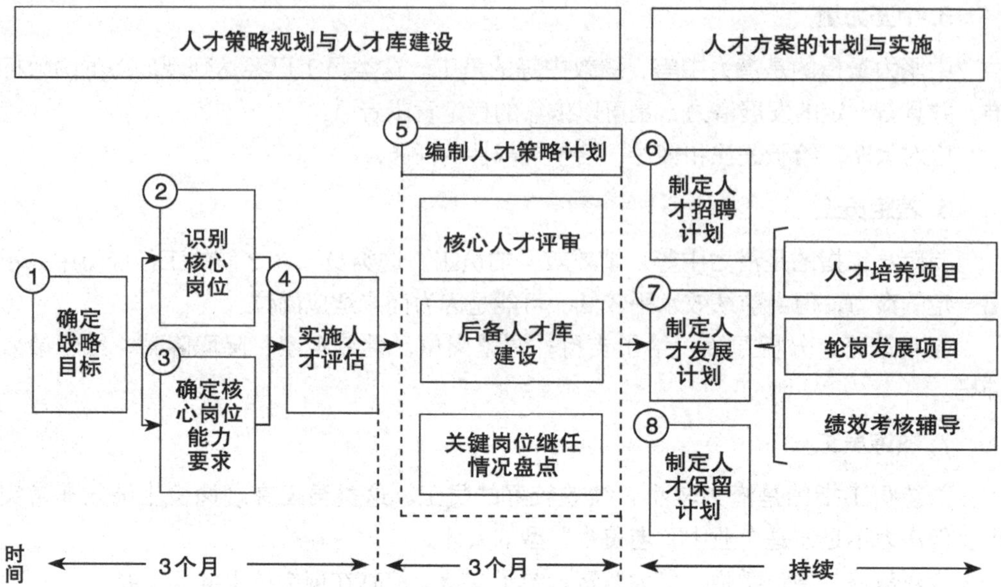

图 6-20　某上市公司人才梯队建设逻辑

该公司人才梯队建设的实施分成 2 个部分、8 个模块。第 1 部分是人才策略规划与人才库建设，包括 5 个模块。第 2 部分是人才方案的计划与实施，包括 3 个模块。

第 1 部分前 4 个模块一般在上年 7 月初开始实施，大约到 9 月底完成；第 1 部分的第 5 个模块一般在上年 10 月初开始实施，大约到 12 月底完成。第 2 部分的 3 个模块自当年的 1 月初开始持续实施，到当年 7 月，再开始实施明年的人才策略规划与人才库建设。

1. 确定战略目标

该公司实施人才梯队建设的第 1 步是确定公司第 2 年的战略目标。该公司针对战略目标每年都会制定 3 年规划和 5 年规划，但 3 年规划比较模糊，5 年规划是大方向。要做人才梯队建设，该公司需要明确第 2 年的战略目标。

2. 识别核心岗位

有了第 2 年的战略目标后，该公司要根据战略目标识别出哪些是公司的核心岗位，哪些是非核心岗位。识别核心岗位使用的是幂次法则，即 20% 的核心岗位创造 80% 的价值。战略目标发生变化时，核心岗位有时变化较小，有时变化较大。

3. 确定核心岗位能力要求

识别出核心岗位后，要根据战略目标确定核心岗位的能力要求。明确了岗位的具体能力要求，人才培养工作才会有方向，有依据，有目标。

4. 实施人才评估

明确了核心岗位和核心岗位应当具备的能力要求后，下一步就要对当前的人才状况实施评估，发现当前人才结构存在的问题和差距。

5. 编制人才策略计划

通过人才评估找到问题之后，接下来要针对问题编制人才策略计划。要制定人才策略计划，需要对核心人才进行评审，对后备人才库进行建设和对关键岗位继任情况进行盘点。

6. 制定人才招聘计划

制定人才策略计划后，接下来要制定人才招聘计划。人才招聘计划的主要作用是补充当前人力资源数量。

7. 制定人才发展计划

除了补充人力资源的数量，还要注意人力资源的质量。人才发展计划的主要作用是对人才进行培养和发展，保证人力资源在质量上达标。人才发展计划主要包括人才培养项目、轮岗发展项目和绩效考核辅导。

8. 制定人才保留计划

除了对人才进行招聘、培养与辅导，人才保留也是人才梯队建设不可忽视的重要环节。如果培养出的人才最终都选择离开，公司将会遭受巨大损失。

第7章

人才激励与资源盘活善用

获得有效激励的人才往往拥有更高的劳动效率和更好的劳动效果，能够为组织创造更大的价值。另外，组织通过对人力资源的灵活有效应用，能够在用人方面有效动用各方资源，降低人工费用，提升人效。

7.1 人才激励：低成本高效率激励人才

很多人对激励的操作方法和呈现结果有误解，于是错误地实施了人才激励，或实施的人才激励没有起到预期效果。人才激励是一套系统的方法，要做好人才激励，组织内的团队管理者需要掌握这套方法。

7.1.1 典型误解：激励不是只喊口号

有人认为一些让员工看起来情绪高昂的方法代表成功的激励，有人认为激励就是让员工每天都精神亢奋，有人认为激励就是提高员工满意度，有人认为激励是让员工乐于工作，有人认为激励是让员工改变思想，这些其实都是对激励的误解。

实际上，激励应当聚焦员工的行为，激励的本质就是引导员工做出团队想要的行为。员工是否成功被激励的表现只有一个，那就是有没有做出团队管理者期望看到的、有益于团队的行为。

很多人对员工激励的典型误解有以下 3 个。

1. 精神亢奋

有人认为激励的结果就是让员工每天都精神抖擞，为此每天带着员工喊口号。实际上，员工的精神状态良好并不是成功激励的第一结果。

2. 达到满意

激励不是让员工满意。员工是否满意，对应的是员工的情绪。而情绪是一件很主观的事，员工是否满意，并不一定影响着员工的行为。

3. 改变思想

有人认为激励的结果是让员工改变思想，例如员工原本不喜欢工作，激励后员工就喜欢工作了。实际上员工就算不喜欢工作，依然可能持续做出正确的行为。

另外，很多人对激励手段也有以下 4 个误解。

1. 把奖励当激励

有人觉得激励就是奖励，只要奖励员工，就是激励员工。奖励确实是激励的一种方式，但并不是激励的唯一实施方式。而且如果奖励用不好，还可能起到反效果。

2. 把物质当激励

有人认为物质是唯一的激励手段，只会用物质实施激励。实际上，物质确实是激励的一种方式，除此之外还有很多别的激励方式。

3. 把开心当激励

有人认为让员工每天保持心情愉悦就是对员工的激励，于是放松对员工的要求。实际上，这样容易丢了团队的原则，有时为了达成目标，员工保持良好心情不需要具有高优先级。

4. 忽略高素质者

有人认为“快马不用鞭催，响鼓不用重锤”，高素质的人才不需要激励自然就能做好工作。实则不然，任何人都有迷茫无措的时候，都需要激励。

主观意识与行为很多时候是割裂的。很多人明知道抽烟不好，却还是会抽烟；很多人明知道早睡早起对身体好，却还是会熬夜；很多人明知道应该好好工作或学习，却还是会把时间都用在娱乐上。激励不需要在员工的主观意识层面做文章，只需要聚焦于员工的行为。

7.1.2　持续进行：激励不能一劳永逸

很多组织抱着一劳永逸的心态请管理咨询机构帮其做员工激励方案。员工激励方案刚开始实施时也许有效果，后来效果会越来越差。这很可能是因为相同激励方式的效果是边际递减的。

这就好比某个人在野外已经饥肠辘辘，回到城市中来到一家包子铺吃到第 1 个包子时一定是很幸福的，吃第 2 个包子时幸福感会减弱，吃完第 3 个包子后已经吃饱了，可能就感受不到幸福了，再吃第 4 个包子时幸福感可能就是负的了。

任何激励方式都不可能一劳永逸，团队管理者期望通过一次努力解决问题的想法是不现实的，因为任何一种激励方案的效果都是边际递减的。所以团队管理者实施激励的正确方式应当是持续的、动态的、变化的。

人才激励是要用有限的资源，来满足人无限的欲望。因此团队管理者在实施人才激励的时候要特别注意 3 个关键点，分别是动态变化、价值评估和持续沟通。

1. 动态变化

人才激励应该处于动态变化的状态。好的人才激励应该是不断变化、与时俱进的，是能够视情况和条件的变化不断发展的。

例如，某团队刚开始实施股权激励方案时，通常非常有效果，但使用的时间长了，被激励对象就习惯了。这时现有的股权激励方案可能就渐渐失去激励效果了。这时候需要及时做出调整，设计一种新的股权激励方案，或设计另外一种激励方案。

2. 价值评估

在实施人才激励时，应对激励对象做价值评估。对团队价值贡献大的人，应当享受更多的激励；对团队价值贡献小的人，应当享受更少的激励。这种价值评估应当有可评判的标准，要有一定的公平性，不然可能引发内部矛盾。人才盘点就是一种价值评估方式。

3. 持续沟通

实施人才激励方案时，团队管理者要和激励对象保持持续的沟通。人才激励不是一个自动运转的过程，要想让人才激励发挥效果，过程中团队管理者需要不断和员工保持沟通。只有持续沟通，团队管理者才能知道员工的需求，发现员工最想要什么。

例如，老师激励学生学习，必然需要大量的沟通，不能只依靠课堂教育，期望学生自己学好。对于不同背景、不同水平的学生，老师沟通的方法是不一样的，也就是要因材施教。

有效实施人才激励就像吃饭。饭要天天吃，一顿不吃就会饿；想吃什么，要通过沟通才能知道；想吃的东西往往是动态变化的，今天可能想吃火锅，明天可能想吃烤肉；就算某样东西再喜欢吃，也不能顿顿都吃，而且吃饱之后也不能再继续吃。

7.1.3 正确用力：善用引力促进行动

在组织的日常管理中，团队管理者免不了会对员工实施 3 种力，分别是推力、压力和引力。有效的激励并非过分使用推力和压力，而是善用引力。要想激励员工，团队管理者应当多用引力，少用压力和推力。

向员工施加推力，可以引发员工的行动；向员工施加压力，也能引发员工的行动。但这样做可能会让员工产生比较强的抵触情绪，这不是激励期望达成的结果。激励对员工行为的改变常常是润物细无声的，这时候用引力效果更好。激励员工行动的力，不是强制员工的推力，也不是压迫员工的压力，而是引导员工的引力。

1. 推力

推力指的是通过某种强制手段“推着”员工做某件事，例如中午只给员工提供 30 分钟的午餐时间，工作期间不允许员工上厕所等。

例如，某团队管理者说：“张三，你明天必须去那个项目上报到，而且要保证把那个项目按要求完成。我不管你现在有多忙，不要给我任何借口，我不想听任何理由，也不接受任何反驳，你必须坚决执行！不做的话明天就别来上班了！”这就是使用推力。

2. 压力

压力指的是通过压迫让员工不得不做某件事，例如通过员工上班不得吃零食，否则罚款的制度规定来规范员工上班期间的行为。

例如，某团队管理者说："张三，我这里有个项目，你接一下吧。这个项目很重要，上级特别交代要做好。你要是不能如期保质保量地完成，可就是给咱们团队丢脸了。而且项目如果完成得不好，你的年终奖也会受到影响。你可得挽起袖子加油干啊！"这就是使用压力。

3. 引力

引力指的是通过引导让员工愿意主动做某件事，例如通过表扬员工有责任心，引导员工敬业；通过称赞员工认真仔细，引导员工加强检查，减少犯错。

例如，某团队管理者说："张三，你认真负责、专业精深，之前A项目和B项目完成得都非常出色，给团队创造了很大收益。很多新同事崇拜你，想向你学习。上级给我这个项目，我第一个想到了你，也告诉了上级你之前项目的优秀表现。这个项目需要你，你一定能完成的。而且完成这个项目后还有一笔奖金呢。你要不要试试？"这就是使用引力。

相较于推力和压力，引力显然更容易让员工接受，能让员工心甘情愿做出团队管理者期望的行为。需要注意的是，这里并非全盘否定推力和压力的作用，团队中需要保持一定的推力和压力。有时候，一定的推力和压力也是种激励，只是相较之下，多用引力的激励效果更好。

7.1.4　系统激励：驱动人才价值导向

人才激励就是期望通过某种方式，让员工产生某种行为。员工产生某种行为的根源，是员工具备某种行为动机。员工产生行为动机与3个方面有关，分别是预期的价值、实现的概率和可用的资源。要做好员工激励，团队管理者需要从这3个方面下功夫。

如果把人才激励比作植物生长的话，预期的价值就像土壤，实现的概率就像水分，可用的资源就像空气。肥沃的土壤、充足的水分、适宜的空气，是植物生长的必备条件。当这些条件都具备的时候，员工激励才能发挥出最好的效果。

人才激励的方法论可以参考作者的原创工具——人才激励的"任三角"，如图7-1所示。

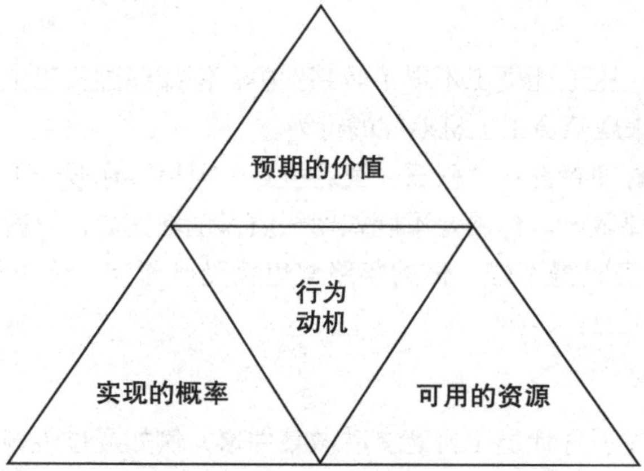

图 7-1　人才激励的“任三角”

1. 行为动机

行为动机是员工产生某种行为的原因，也是员工激励能够实现预期效果的原因。团队管理者要想激励员工产生某种行为，首先要激励员工产生某种行为动机。

2. 预期的价值

预期的价值是员工认为自己的行为可能带来的价值。这里的价值可能是正向的，也可能是负向的。员工在主动产生某种行为前，会判断行为可能给自己带来的“利”，以及可能带来的“弊”，即会预测未来结果的利弊。简言之，员工会分析行为结果对自己来说“有多大好处”。

不同时间，不同人，对同一种事物的价值判断不同，源于价值观的不同。因为人们拥有不同的价值观，所以针对不同的员工有不同的激励方法。价值观难以改变，团队管理者与其评价和改变员工的价值观，不如顺应。

每个人终其一生都在追求某种价值。人们存在个体差异，每个人追求的价值有所不同，这也构成了每个人不同的价值观。了解清楚员工之间的差异和不同个体的需求，有助于团队管理者判断不同员工对激励因素的敏感程度，有助于团队管理者更精准、更有效地实施激励。

3. 实现的概率

实现的概率是员工根据经验，判断自己做出行为后达到预期目标的可能性。它是员工在主动产生某种行为前，对行为结果能否达到令人满意的预期效果的概率判断，是一种对结果的预判。

4. 可用的资源

可用的资源是员工认为，通过产生行为得到结果的过程中，可以获得的资源支持以及可能存在的资源障碍。这里的资源包括人力、物力、财力等一切员工可支配的资源。

人才激励的常见方式有如下 5 种。

1. 物质激励

物质激励是从物质层面激发人才的积极性、主动性和创造性的激励方式。物质激励是其他激励方式的基础，一般应和其他激励方式一起使用，共同发挥作用。物质激励可以分成相对固定的物质激励、短期物质激励和中长期物质激励。

2. 精神激励

精神激励是一种无形激励，是通过让人才在精神上获得某种正面感受而实现的激励。每个人都希望自己被尊重、被认可、被信任、被重视，团队管理者对人才实施精神激励的成本更低，而且得到的效果有时好于物质激励。

3. 正负激励

传统的人才激励方式中有“胡萝卜 + 大棒”，即是“正激励 + 负激励”。团队管理者实施正负激励时要有依据和标准。团队管理者在日常工作中给员工的正反馈和负反馈同样是一种正负激励，能够起到激励效果。

4. 目标激励

目标激励不仅是管理的需要，而且能让人才的个人目标和团队的集体目标统一，让人才产生行动的动机，激发人才的积极性和主动性，一方面起到激励人才的效果，另一方面通过人才的行动达成团队目标。

5. 自我激励

团队管理者通过给人才提供晋升发展的机会，为人才建设职业发展通道，帮人才设计专属的职业发展计划，能够给人才带来成长的希望；通过给人才设计荣誉机制，能让人才对自己产生更好的期待，从而主动对自己严格要求，实现自我激励。

不同的激励方式有不同的作用，配合应用效果更佳。团队管理者过分强调或过分贬低某种激励方式都是不对的。例如，如果没有物质激励，只有其他激励（如精神激励），通常起不到激励效果；但如果只有物质激励，没有其他激励，同样很难起到激励效果。

7.2 借力用人：外部资源与内部安排

中国功夫中有“借力打力”的说法。如果不懂得借力，只会一味地使用蛮力，很可能事倍功半。在提升人效、管控人工成本方面，组织同样可以运用借力打力的方法，借助上下游资源，安排好组织内的人力资源，节省组织内部的资源。

7.2.1 上游借力：借助供应商的资源

从微观上看，组织和上游供应商之间是买方和卖方的关系、需求和供给的关系，这种关系天然存在一定的竞争和博弈成分。很多组织和上游供应商之间仅限于产品价格、产品质量、产品交期等这类聚焦于产品层面的合作。实际上，二者之间的关系远不限于此。

从整个宏观商业世界角度看，上游供应商和组织是一条供应链上的上下游环节，二者之间也是利益共同体的关系。组织业务开展得越成功，与上游供应商之间的交易发生得就会越频繁，双方的交易金额、交易数量都会相应增加，在一定程度上会促进上游供应商的业务发展和规模扩大。

组织不应把与上游供应商的合作看成“一方赢，一方输” 的零和博弈，而应当看成能够实现“双赢”的增值合作。双方不应当抱着斤斤计较，压榨对方利润，相互竞争的存量思维；而应当抱着彼此投入资源，一起把市场的蛋糕做大， 实现合作共赢的增量思维。

组织和上游供应商之间除了产品或服务的交互，如果上游供应商能够提供一些资源上的交互，有可能让组织的效益增加、效率提高、成本降低，同时也能够让上游供应商增加效益。

在上游供应商能够提供的资源支持当中，人力资源是非常重要的一种资源。例如，上游供应商为了扩大业务，派驻在组织内的驻厂或驻店人员等；上游供应商为了给组织某类岗位或组织的下游客户更好地提供某方面的信息，提供的培训讲师；上游供应商为协助组织加强内部管理、提高效率、降低成本，提供的咨询顾问等。

上游供应商提供的这些人力资源通常有一个共同的特点，就是上游供应商为了扩大自身的业务，愿意承担这些人力资源全部的人工成本，或人工成本的大部分由上游供应商承担，小部分由组织承担。

上游供应商在人力资源方面的投入，在某种程度上能够减少组织在人力资源方面的投入，或提高组织在人力资源成本方面的使用效率。

举例

某经营连锁零售超市的集团公司所有连锁店的人力资源分成正式员工、小时工和促销员 3 类人员。

其中，正式员工和小时工属于该公司的人力资源，由该公司承担他们的人工成本；促销员是该公司的上游供应商派驻在该公司的人力资源，他们所有的人工成本由上游供应商承担。

按照常理，总面积近似、总客流近似、总销售规模近似的门店，相同品牌供应商产品的销售额应当近似。但实际情况并非如此，常常会出现近似门店之间，相同品牌供应商产品的销售额差距比较大的情况。

造成这种情况的直接原因是该品牌供应商产品的客单价（单位顾客购买该商品支付的价格）较低。造成该品牌供应商产品客单价低的原因主要是门店现场的促销员少。如果门店有足够的促销员，该品牌供应商产品的销售额很可能有所提高。

为此，该公司对年度总销售额差异在 10% 以内，面积差异在 10% 以内的不同门店，该供应商品牌产品的销售额情况及拥有促销员的数量情况做出比较，得到结果如表 7-1 所示。

表 7-1　品牌供应商产品月销售额及促销员数量现状示意表

门店	品牌产品月销售额 / 万元	拥有促销员数量
A 店	80	8
B 店	60	6
C 店	50	5
D 店	40	4

该品牌供应商每个促销员每年的人力资源成本大约为 7.5 万元，月人力资源成本大约为 6 250 元。该品牌产品的平均毛利率为 15%。不论是该公司还是该品牌供应商，都希望在保证毛利润的情况下扩大销售规模。

该公司认为，与 A 店相似的 B 店、C 店、D 店的品牌产品月销售额都有可能提高到 80 万元，实现该销售额的最好方式是增加促销员的数量。所以该公司建议将这 3 店的促销员数量增加到 8 人，如表 7-2 所示，同时将该品牌产品月销售额目标定为 80 万元。

表 7-2　门店增加促销员建议示意表

门店	品牌产品月销售额 / 万元	拥有促销员数量	建议促销员数量	建议增加促销员数量
A 店	80	8	8	0
B 店	60	6	8	2

续表

门店	品牌产品月销售额 / 万元	拥有促销员数量	建议促销员数量	建议增加促销员数量
C 店	50	5	8	3
D 店	40	4	8	4

经过谈判和协商，双方确认由该品牌供应商补充促销员数量，同时由该公司提供门店的销售资源支持，形成共赢的合作。该品牌供应商对促销员数量的补充，能够在一定程度上减少门店的人力资源数量，降低门店的成本，增加销售额又能在一定程度上提升人效。

7.2.2 下游借力：借助消费者的资源

组织和组织服务的消费者也是一条供应链上的两个环节，组织能够借助上游供应商的资源，同样可以借助下游消费者的资源。与借助上游供应商的资源类似，借助下游消费者的资源同样是降低人工成本的有效方式之一。组织的下游消费者主要是指购买组织产品或服务的客户。

与上游供应商实现双赢一样，组织与下游消费者之间不能抱着一方获利、一方吃亏的零和博弈思维，而应当抱着合作共赢的态度来看待彼此的关系。组织应从供应链的视角整合资源，最大化最终价值，最小化中间成本。

借助下游消费者资源的方式有很多种，例如下游消费者为了获得品质更稳定的产品，在组织派驻品质管理人员、为组织提供培训资源或咨询服务，能够在一定程度上节省组织的培训成本和管理成本；下游消费者购买使用某产品之后的网络宣传，达到了广告宣传的效果，能够在一定程度上节省组织的广告成本和人工成本等。

举例

某银行原本信用卡新增业务是通过客户经理完成的。客户经理是该银行的正式员工，银行要通过招聘、选拔、培训、考核等一系列管理方法实施对客户经理的管理。客户经理每月有信用卡推广的任务，其薪酬水平与信用卡推广任务的完成情况直接相关。

然而随着业务的发展，该银行发现这种信用卡推广方式的人工成本越来越高。因为客户经理的业绩特点普遍是前几个月的业务量增长速度较快，但是工作时间越长，其业务量情况越差。这可能是因为客户经理推广信用卡的时候大多是动用自己的人际关系资源，当人际关系资源全部用完之后，业务拓展会变得越来越难。

客户经理的业务差，会造成他们的薪酬水平低，进一步造成他们的工作态度消极及离职率提高。消极的工作态度和提高的离职率会造成现有员工心态的波动，同时会影响对新员工的招聘和培养。

后来，该银行既尝试了将信用卡推广业务的工作人员转为劳务派遣，又尝试了将整个信用卡推广业务转为外包，但都没有从根本上解决这个问题。不论是劳务派遣还是外包，都少不了对信用卡推广人员的管理，都少不了人力资源成本。

再后来，该银行想到了运用客户资源来完成信用卡的推广。这样做不但可以完成业务，减少人工成本，同时对完成信用卡业务推广的客户进行奖励，能在一定程度上提高客户的满意度。客户在类似活动中能够获得一种参与感，从而提高对该银行品牌的认可度。

因此该银行推出了“合伙人”计划，任何持该银行信用卡的客户，都可以推荐周围的人办理该信用卡，办理成功之后该银行将会给“合伙人”一定的奖励。办卡数量越多，“合伙人”得到的奖励就越多。

后来，“合伙人”计划发展为不论是否持有该银行的信用卡，只要通过注册，就可以成为该银行的“合伙人”协助推广该银行的信用卡。这不仅借用了现有客户的资源，还借用了潜在客户的资源，进一步提升了银行的口碑。

7.2.3 合理用人：淡季降低人工成本

除了借助上游供应商和下游消费者的资源，组织自身可以通过合理用人来降低人工成本。合理用人的方式有很多，本节主要介绍业务淡季如何降低人工成本。

很多组织的业务有淡旺季之分，淡旺季业绩浮动幅度通常较大。但最让组织头疼的还是淡旺季员工管理的问题。旺季很忙，员工忙起来的时候是非少，大家所有的精力都放在了如何保质、保量、按时完成工作任务上；淡季很闲，闲下来之后整个团队变得懒散，忙碌时的那种凝聚力减弱了。

那么，组织到了业务上的淡季时，要如何管理员工呢?

在业务淡季时，有两个重要事项是组织要管控的，一是控制人力资源成本，二是提高人力资源质量。控制人力资源成本常用的方法有 3 种，分别是调整人员结构、调整工作时间、设置季节性的薪酬变化；提高人力资源质量常用的方法是实施员工培训。

1. 调整人员结构

组织在业务淡季调整人员结构时要注意的是，调整人员结构不意味着裁员，不要一味通过裁员的方式来调整人员的数量。通过裁员的方式调整人员结构，会使用人效率降低，因为当旺季快来临的时候，组织需要提前招聘大量的新人。新人的人力资源获取成本、开发成本及旺季结束后的离职成本，都将大大增加人力资源的总成本。

效率最高的调整人员结构的方式是组织在设置人员组成时，可以有一定比例的非全日制员工，采用劳务合作、委托代理、项目承包或其他非全日制用工的合作方式，这部分劳动力可以满足组织旺季的临时用人需求；剩下比例的员工由正式的全日制员工组成，这部分劳动力可以满足组织淡季的长期用人需求。

在设置满足旺季的临时用人需求时要注意如下 3 点。

（1）这类岗位通常是一些技术含量相对较低，对熟练度要求不高，操作流程相对不复杂，评价机制较为明确的岗位，以便于满足临时需求的劳动力能够快速掌握、快速上手。

（2）要保持与这类人员的持续联系，关注他们的动态，为下一个旺季做准备。逢年过节时，如果组织正式的全日制员工有一定的福利，在成本允许的情况下，这部分人员也可以有一定的福利。

（3）这类人员最好选择那些住在组织周边的人，这样既有助于组织与他们保持情感上的联系，又有助于组织在需要时能够快速联系和获取，同时还能方便他们上下班，还有助于增强这类人员的稳定性。

2. 调整工作时间

有的组织的淡旺季难以明确界定，规律不是特别明显，或者存在概率判断；有的组织在淡旺季需要的劳动力要有较强的技能或较高的熟练程度；有的组织难以找到长期稳定合作的满足临时用人需求的人员。这时候，组织可以考虑通过调整工作时间的方式来降低人工成本。

组织可以考虑使用综合工时制和不定时工时制。

综合工时制是以标准工时为计算基础，在一定时期范围内，综合计算工作时间的工时制度。这类工时制度不再以天为单位计算工作时间，而可以用月、季、年为单位，所得平均日或周的工作时间应当与标准工时制的时间相同。

实行综合工时制的组织，无论劳动者单日的工作时间为多少，只要在一个综合工时计算周期内的总工作时长不超过以标准工时制计算的应当工作的总时间数，就不视为加班。如果超过该总时间数，则应视为延长工作时间，同样，平均每月不得超过 36 小时。

3. 设置薪酬变化

有淡旺季特点的组织应当建立针对淡旺季的特定薪酬体系。由于员工在淡季时创造的价值比较小，在旺季时创造的价值比较大，组织在设置全日制员工的薪酬体系时，应当体现出这个特点。

对全日制员工来说，组织可以设置一个相对比较低的固定工资，这个固定工资在淡季或旺季都是一样的。到了旺季，员工会获得津贴、加班费、奖金、福利等收入，其总薪酬仍然可以比较高。

4. 实施员工培训

淡季非常适合用来提高人力资源的质量。因为在旺季，员工普遍比较忙，没有时间参加培训。而在淡季的时候，员工的时间相对比较充裕，没有工作上的压力，员工的学习效果也会比较好。

员工培训可以在旺季刚结束的时候马上举办，围绕着旺季时员工的工作状态和工作结果，结合外部市场状况和内部管理情况，把培训和总结放在一起，让培训成为贴近业务、贴近工作的能力提升训练，成为人力资源价值的提升训练。不要为了培训而培训，不要为了消磨员工的时间而培训，也不要让员工学习一些工作中用不到的知识。

培训的形式可以丰富多样，不要局限于传统的课堂授课式培训，还可以采用内部讨论、头脑风暴、标杆公司考察学习、竞争对手市场调研、角色扮演、模拟经营或技能比赛等多种形式相结合的培训模式。

总之，在淡季时，组织一方面应当注意控制人力资源成本，另一方面可以考虑利用这段时间提高人力资源质量。

7.3 灵活用工：多种用工方式降低成本

随着人工成本的不断提高，市场环境的不断变化，组织如果仅采用普通全日制一种用工方式，将显得越来越缺乏灵活性。采用非全日制、劳务派遣、产业外包、学生实习、劳务关系等更多的灵活用工方式，能够帮助组织有效管控人工成本、提高人效。

7.3.1 小时结算：非全日制用工

非全日制用工是相对于全日制用工而言的用工形式。全日制用工指的是用人单位与员工签署正式的劳动合同，与员工建立正式劳动关系的用工方式。非全日制用工是指以小时计酬为主，劳动者在同一用人单位一般平均每日工作时间不超过 4 小时，每周工作时间累计不超过 24 小时的用工形式。实务中，我们常把采取非全日制用工方式的职工称为“小时工”。

非全日制用工是灵活就业的一种重要形式。近年来，我国非全日制用工形式呈现迅速发展的趋势，特别是在餐饮、零售、社区服务等领域，用人单位越来越多地使用这种形式。

对用人单位来说，非全日制用工相比全日制用工的好处包括如下内容。

1. 人工成本更低

正式员工需要组织足额缴纳社会保险、住房公积金及发放其他各类法定的福利或津贴。为了激发正式员工的积极性，组织通常还需要有丰富的奖金、员工活动等各类人工成本的支出。非全日制用工的人工成本支出相对比较单一，是一种能直接有效地降低人工成本的用工形式。

2. 用工方式灵活

非全日制用工不需要员工每天按照固定的出勤时间出勤，组织可以把对非全日制用工的成本全部“花在刀刃上”，也就是把非全日制用工的员工集中用在每天最需要他们的时间段。这非常适合一些季节性用工、时段性用工的组织。

3. 任务明确的情况下，工作效率更高

很多人很难在 8 小时之内保持全身心的工作投入，人们会因为长时间从事相同的劳动而产生倦怠感。但如果人们每天工作 4 小时以内，相对来说其注意力更集中。而且，通过明确工作任务，人们在短时间内的工作效率可能会更高。

如果是专业技术性较强、需要较长的培养和训练时间、保密性要求较高、具备一定管理和决策要求、需要培养储备干部等的岗位，适合使用全日制用工方式；如果是简单重复性劳动、短时间或季节性人力需要、危险性较低、不需要长时间训练等的基础岗位，可以选择非全日制用工方式。

但是非全日制用工方式也不是随便就可以用的，组织在使用非全日制用工方式的时候需要注意如下事项。

1. 招聘时注意小时工的背景

小时工的招聘条件可以参照全日制员工，可以在全日制员工的基础上适度放宽。招聘时，组织一定要了解小时工的背景，不能为了节省人工成本而降低招聘的门槛，随意招人。

2. 必须先办理上岗手续，经过入职培训后再上岗

对小时工的入职管理同样应参照全日制员工，入职前务必要做好相关的培训工作，不能为了急于用人而省略办理入职手续和入职培训的环节。

《中华人民共和国劳动合同法》（2012 年 12 月 28 日修订）第六十九条规定，非全日制用工双方当事人可以订立口头协议。从事非全日制用工的劳动者可以与一个或者一个以上用人单位订立劳动合同；但是，后订立的劳动合同不得影响先订立的劳动合同的履行。

3. 小时工不得安排试用期

《中华人民共和国劳动合同法》（2012 年 12 月 28 日修订）第七十条规定，非全日制用工双方当事人不得约定试用期。

4. 注意小时工的用工安全

组织要注意小时工的安全教育，注意小时工生产操作的安全。

从事非全日制用工的劳动者应当参加基本养老保险，原则上参照个体工商户的参保办法执行。对于已参加过基本养老保险和建立个人账户的人员，前后缴费年限合并计算，跨统筹地区转移的，应办理基本养老保险关系和个人账户的转移、接续手续。符合退休条件时，按国家规定计发基本养老金。

从事非全日制用工的劳动者可以以个人身份参加基本医疗保险，并按照待遇水平与缴费水平相挂钩的原则，享受相应的基本医疗保险待遇。参加基本医疗保险的具体办法由各地劳动保障部门研究制定。

用人单位应当按照国家有关规定为与其建立劳动关系的非全日制劳动者缴纳工伤保险。从事非全日制用工的劳动者发生工伤，依法享受工伤保险待遇；被鉴定为伤残5 ~ 10级的，经劳动者与用人单位协商一致，可以一次性结算伤残待遇及有关费用。

5. 注意员工管理

组织不要因使用小时工而造成正式员工懒惰。有的正式员工可能会觉得小时工就是用来做自己不想做的事，会把原本属于自己的工作交给小时工来做，造成正式员工懒散，同时造成小时工的离职率升高。

6. 注意建立小时工的稳定性和忠诚度

和正式员工相比，小时工的随意性更强，离职成本更低，所以小时工的稳定性可能会更差。组织需要注意小时工的维持工作，关心小时工的工作状态和情绪。

《中华人民共和国劳动合同法》（2012 年 12 月 28 日修订）第七十一条规定，非全日制用工双方当事人任何一方都可以随时通知对方终止用工。终止用工，用人单位不向劳动者支付经济补偿。

7. 对小时工的工作安排要定时定量

组织对小时工的管理和对正式员工的管理有所不同。因为小时工工作时间更短、更灵活，所以组织在安排小时工的工作时应尽量采取量化的数据，确定工作时间、工作任务、工作目标，一方面便于管理，另一方面便于评价小时工的工作质量。

8. 发放工资的时间与正式工不同

《中华人民共和国劳动合同法》（2012 年 12 月 28 日修订）第七十二条规定，非全日制用工小时计酬标准不得低于用人单位所在地人民政府规定的最低小时工资标准。非全日制用工劳动报酬结算支付周期最长不得超过十五日。

7.3.2 人才租赁：劳务派遣用工

劳务派遣又可以称为人力（资源）派遣、人才租赁、劳动派遣、劳动力租赁、雇员租赁等，是指由劳务派遣机构与劳动者订立劳动合同，把劳动者派向其他用工单位，再由用工单位向劳务派遣机构支付服务费的用工形式。通俗地说，就是用工单位实际用人，劳务派遣机构管人。

组织运用劳务派遣用工方式，可以有效降低人工成本，其好处主要体现在如下方面。

1. 降低直接成本支出

被派遣人员的社会保险费和住房公积金由劳务派遣机构负责缴纳。劳务派遣机构通常具备专业化的薪酬设计方案，既能保障劳动者的权益，也能够降低组织社会保险和住房公积金费用的总开支。另外，劳务派遣机构开具的服务费发票在一定程度上可减轻用工单位的所得税负担。

2. 降低管理成本支出

由劳务派遣机构负责劳动者的招聘、培训、录用及后续的一系列劳动事务管理和服务，用工单位人力资源部门的人员可以得到更合理的配置，减少管理成本。

被派遣的劳动者与劳务派遣机构之间是劳动关系，劳务派遣机构通常拥有专业的人事管理经验和能力，可以更好地解决劳动纠纷，节省用工单位的时间和成本。

3. 快速满足临时用人需求

用工单位有时候会有临时的、大量的用人需求，如果选择传统的靠自身人力资源部门招聘的模式，一来很难在短时间内满足用人需求，二来一旦临时性工作完成，将不可避免地出现人员冗余。如果因此选择辞退员工，面临的将是劳动纠纷，还要支付被辞退者的经济赔偿金。劳务派遣用工能够让用工单位有效解决这个问题。

4. 激发正式员工的工作积极性

劳务派遣机构以用工单位满意为宗旨，所以对被派遣人员的选拔和要求可能会比较严格。根据岗位需求，劳务派遣机构会尽可能选派更合适的人员。在用工单位内部，被派遣人员与正式员工会在无形之间形成一定的对比和竞争，这会使正式员工产生危机感，从而在一定程度上激发正式员工的工作积极性。

7.3.3 聚焦价值：劳务外包用工

劳务外包同样是一种能够有效节省人力资源管理成本的用工模式。通过劳务外包，组织可以把管理人力资源的时间和精力用在更有价值的事情上，从而实现聚焦核心价值，不断增强核心竞争力的策略。

常见的劳务外包有生产外包和岗位外包两种。

生产外包也叫制造外包，指将组织自身的某部分生产委托给外部优秀的专业化机构，以达到降低成本、分散风险、提高效率、增强竞争力的目的。组织进行生产外包的一般是非核心业务或相对来说附加值较低的业务。生产外包按照外包的规模，可以分成全生产外包或半生产外包。

当前，制造行业正在发生复杂的变化，为了解决面临的问题、改善和提升运营效益，越来越多的组织开始选择生产外包的运营模式。这种合作模式的转化，本质上是基于战略层面做好深度资源整合的考量。

很多人认为生产外包会带来成本的增加，实际上只要选择和管理得当，生产外包能够有效地降低生产成本。专业的生产外包服务商能够带来的优势包括如下内容。

1. 人员管理成本更低

专业的生产外包服务商能够通过更专业的机制管理员工，工作流程设定、管理考核、员工招聘选拔、员工培养开发等都能按照非常专业的方式操作实施。专业的生产外包服务商的管理能够有效杜绝管理粗放的问题，最大限度地降低生产成本、提高生产效率。

2. 人员专业且用工灵活

专业的生产外包服务商通常具备充足的相关专业技术人力资源，而且这些人力资源通常具备一定的弹性。当组织业务量增加的时候，专业的生产外包服务商能够及时地补充人力资源；当组织业务量减少的时候，专业的生产外包服务商能够把多余的人力资源调配到其他项目上。这样可以实现人力资源的充分利用，既能帮助组织节约人工成本，又能保证员工收入。

3. 产品交付有品质保障

生产外包服务商的交付物通常是满足某个条件的产品或服务，由于长期聚焦某个领域，专业的生产外包服务商通常具备更好的产品质量保障。和自主运营相比，生产外包相对比较容易在规定时间内保质保量地完成产品交付。

举例

某公司本着“解决问题、降低成本”的运营原则，对某个经常出现问题的产品工段实施外包。经过综合比较，该公司选择了一家在该产品领域具备10年生产经验的生产外包服务商。该公司对该工段外包前后在效率、品质、成本、交期、安全、士气6个方面的生产运营情况比较如表7-3所示。

表7-3　某公司产品工段外包前后的生产运营情况比较

序号	对比项目	外包前	外包后	效果	目标设定
1	效率	刚好完成	提前完成	效率提高	人均产能提高
2	品质	偶尔不良	未产生不良	品质有保证	品质提高
3	成本	30人	23人	人员减少	综合成本降低

续表

序号	对比项目	外包前	外包后	效果	目标设定
4	交期	未延期	按期完成	生产交付及时	零生产延期
5	安全	未发生安全事故	未发生安全事故	安全有保证	零安全事故
6	士气	低落	高昂	团队凝聚力加强	高效团队

除生产外包外，岗位外包也是一种非常重要的劳务外包形式。

岗位外包指的是用人单位将某类岗位的人力资源管理工作全部外包给第三方的人力资源机构，用人单位只负责用人。该岗位上的外包员工虽然在用人单位工作，也需要受用人单位管理，但是与用人单位之间不存在直接的劳动关系，而是和第三方的人力资源机构存在直接的劳动关系。

岗位外包能满足组织弹性用人的需求，满足组织流动性比较强、管理难度比较大、专业性比较强或大量临时性、项目性的用工需求，例如保安岗位、保洁岗位、装卸岗位、客服岗位等。

岗位外包简化了组织的用工程序、减少了人员的管理成本、降低了用工风险，使组织从烦琐的人员招聘、培训、管理等工作中解脱出来，减轻了人力资源部门和各管理部门的管理压力，能够精简组织内的管理人员。

7.3.4 校企合作：学生实习用工

在校学生有接触社会的实习需求，组织可以通过使用一定比例的实习学生来满足这一需求，同时还可以满足自身的用人需求。使用实习学生不仅可以降低组织的直接用工成本，还可以减少组织部分正式岗位人力资源的获取成本和开发成本。

使用实习学生在降低人工成本方面的优势包括如下内容。

（1）实习学生的直接用工成本更低。

（2）有助于组织采取人才招聘计划，能够减轻组织在某些岗位上的招聘压力。

（3）对实习学生工作状态的评价，有助于组织对正式岗位做人才招聘和选拔。

（4）有助于组织有针对性地进行人才培养，缩短新入职人员的适应过程。

（5）有助于实习学生进一步了解组织，减少招聘后候选人工作不适应带来的离职成本。

组织要获取实习学生，常见的方式有两种。一种是直接面向社会招聘，这种方式虽然可以获取实习学生，但是并不能保证招聘满足率。另一种是学校和组织之间进行校企合作，这种方式不仅能够提高招聘满足率，减少招聘成本，而且可以有目的、有计划地组织学生实习，和组织的人力资源规划相匹配。

校企合作的方式多种多样，例如组织可以在学生大一时成立培养专班，让学生在大三找实习单位时到组织内实习。校企合作的核心原则是让组织在学生正式就业前，就与学生建立广泛深入的联系。实施校企合作可以分成如下 6 步。

1. 和学校洽谈具体的合作形式

校企合作的形式其实非常多样，针对不同的目的可以有项目的、人才的、研发的。组织可以结合自身情况和洽谈学校的实际情况，根据具体的目的，选择不同的形式。

2. 形成一套完整的、可操作的、可实施的行动方案

在和学校进行几次洽谈后，组织要形成具体的行动方案。制定行动方案时，组织就要想好：需要准备什么？需要谁？需要做什么？需要花费多少时间？需要花费多少成本？对组织的好处是什么？运行过程中可能出现什么问题？如果出现问题，组织要采取什么行动？组织要把这些内容全部想清楚并且写进行动方案里面。

3. 根据行动方案做硬件上的筹备

校企合作需要组织准备诸多硬件，例如需要修缮宿舍、购置物资、引进设备等。因为硬件的筹备工作需要花费一些时间，所以组织要提前进行。

4. 内外宣导

“内外”中的“内”指的是组织内部各部门管理者及帮带师傅，“外”指的是学生。

对内的宣导是要把整个方案对组织的目的、意义，运行的注意事项等都向内部员工交代好。需要各方做什么？怎么做？做到什么程度？怎么检查？这些内容都要提前讲好。

对外的宣导是要给学生做一些基本的职业教育培训。因为学生大多没有社会经验，刚进入社会时难免会有一些不适应。所以，组织要提前对学生做好宣传教育，让学生在进入组织实习前有心理预期，遇到一些工作中的正常问题时理智客观地对待。

5. 检查评估

即使组织把所有准备工作都做足了，在实际操作时，也难免会有一些部门或管理者不重视，所以组织在整个行动方案实施过程中还要持续检查和评估。在检查时，组织要多询问学生的感受和意见。必要时，组织也可以定期开展实习学生的交流座谈会，让学生说一下内心的感受。

6. 反馈改进

学生实习组织得好的部门或组织得不好的部门，都要给出一定的反馈和改进意见。针对这些反馈和改进意见，组织也可以进一步改进未来的校企合作方案。

总之，组织在实施校企合作方案时，在开始前要做好规划和充分的准备，在实施过程中应不断跟踪实习学生近况，之后要及时地改进评估。

组织在接受学生实习时需注意如下内容。

（1）一定要为实习学生购买商业保险。

（2）对实习学生必须先培训、后上岗，做好岗前的安全和操作教育。

（3）必须为实习学生提供适当的劳动防护用品和必要的保护措施。

（4）应给实习学生分配帮带师傅，并应培训帮带师傅的帮带技巧。

（5）不应让实习学生承担能力要求较高的复杂工作。

（6）不应让实习学生承担危险性较高的工作。

7.3.5 民事关系：劳务关系用工

劳务用工能够把组织和员工之间的关系由劳动关系转变为民事关系。这样做同样可以有效降低人工成本，提高劳动效率。经过组织变化、产业转型和业务调整，组织可以把与员工之间原本的劳动关系合法、合规、合理地转化为劳务用工。

组织对于个别的、特定的任务需求或临时的、一次性的任务需求，通过采取劳务用工的方式与劳动者建立劳务关系，能够有效降低人工成本。劳务用工在降低组织人工成本方面的优势类似非全日制用工。相比正式的全日制用工方式，劳务用工同样具备人工成本更低、用工方式灵活，以及在任务明确的情况下，工作效率更高的特点。

劳务用工，指的是用人单位和劳动者建立劳务关系，由劳动者完成用人单位某些临时或特殊任务的用工方式。劳务用工的核心是劳务关系。劳务关系和劳动关系在形式上有着本质的区别，两者对应着两种截然不同的法律关系。

劳动关系，是指劳动者与用人单位依法签订劳动合同而在劳动者与用人单位之间产生的法律关系。劳动者接受用人单位的管理，从事用人单位安排的工作，成为用人单位的成员，从用人单位领取劳动报酬和受劳动相关法律法规的保护。

劳务关系，是劳动者与用工者根据口头或书面约定，由劳动者向用工者提供一次性的或特定的劳动服务，用工者依约向劳动者支付劳务报酬的一种有偿服务的法律关系。 劳务关系是由两个或两个以上的平等主体，通过劳务合同建立的一种民事权利义务关系。该合同可以是书面形式，也可以是口头形式或其他形式。

劳务关系可以是两个自然人之间建立的关系，也可以是用人单位和自然人之间建立的关系；劳动关系必须一方是用人单位，一方是自然人。

劳务关系的双方是平等的民事主体关系。劳务关系中的双方在劳务关系运行的过程中不存在行为上的约束，只是一方提供某种服务结果，另一方购买这个服务结果。劳动关系的双方是隶属关系，劳动者不仅要提供一定的结果，还要在工作期间接受用人单位的管理和支配。

劳务关系适用的法律依据是《中华人民共和国民法典》等相关民事法律法规，劳动关系适用的法律依据是《中华人民共和国劳动法》和《中华人民共和国劳动合同法》等相关劳动法律法规。

劳务关系对应的劳务合同可以是双方平等协商之后的条款，主要约定内容包括工作内容、达到结果和劳务报酬；劳动关系对应的劳动合同大多是法定条款，较劳务合同而言比较全面，内容的可调节性小于劳务合同。

劳务关系的双方产生争议的时候，一般直接通过诉讼解决。如果双方约定了产生争议之后的仲裁条款，也可以通过仲裁解决。劳动关系的双方产生争议后，必须执行劳动争议的相关流程，先实施调解、再进行仲裁，仲裁无法解决的才能通过诉讼解决。

组织与劳动者建立劳务关系时需注意，组织不能以劳务关系代替实际的劳动关系，以逃避责任；为了达成工作结果，组织同样有必要为与其建立劳务关系的劳动者提供劳动保障用品及必要的培训。

7.4 高效用人：员工考勤分析

笔者曾经参与过很多公司的薪酬项目设计，发现大多数公司在设计薪酬项目的时候，关注的第 1 类问题是薪酬水平应该怎么选择，不同岗位的薪酬结构应该怎么设计，薪酬应该怎么调整之类的问题。

然而，很多公司会忽略实施薪酬管理前的一个看起来很不起眼却非常重要的基础问题，那就是考勤管理的问题。笔者见过很多公司对员工的考勤管理很差，员工迟到、早退、翘班的情况很严重，但公司没有找到相应的管控方法，甚至都没有关注过这类问题。

考勤是计算薪酬的重要依据。通过考勤记录，公司可以随时了解员工的上下班、加班、请假等出勤情况，便于根据生产经营情况调整劳动力的分配。考勤管理是维护公司劳动纪律管理最基本的工作，是薪酬管理的前端保障，更是提升人效的重要一环。

7.4.1 出勤分析：员工出勤统计

员工的出勤情况影响着人效和人工费用率。对于出勤率长期保持在比较高水平的公司，其员工的工作积极性往往也比较高。公司应当重视员工的出勤情况，努力提高员工的出勤率，减少员工的缺勤率。

员工出勤率的计算公式如下。

员工出勤率 = 实际出勤天数 ÷ 应出勤天数 ×100%。

与出勤率对应的是员工的缺勤率。员工缺勤率的计算公式如下。

员工缺勤率 =（应出勤天数 − 实际出勤天数）÷ 应出勤天数 ×100%=1 − 员工出勤率。

举例

某月，某公司员工的应出勤天数是 20 天，某部门一共有张三、李四和王五 3 人，他们在该月的实际出勤天数分别是 10 天、15 天和 20 天。则该部门及其员工的出勤情况如下。

张三在该月的出勤率 =10 ÷ 20 × 100%=50%。

李四在该月的出勤率 =15 ÷ 20 × 100%=75%。

王五在该月的出勤率 =20 ÷ 20 × 100%=100%。

该部门在该月的出勤率 =（10+15+20）÷（20+20+20）=75%。

张三在该月的缺勤率 =（20−10）÷ 20 × 100%=1−50%=50%。

李四在该月的缺勤率 =（20−15）÷ 20 × 100%=1−75%=25%。

王五在该月的缺勤率 =（20−20）÷ 20 × 100%=1−100%=0。

该部门在该月的缺勤率 =（20+20+20−10−15−20）÷（20+20+20）=1−75%=25%。

除了运用天数计算员工的出勤率或缺勤率，也可以用小时数计算。运用小时数计算员工出勤率或缺勤率的原理与运用天数计算的原理相同，就是把员工的实际出勤天数换算成实际出勤小时数，把员工的应出勤天数换算成应出勤小时数。

运用小时数计算的员工出勤率或缺勤率比运用天数计算更精确。当公司中存在比较多的非全日制用工（小时工）或员工出勤比较零散时，适合用小时数计算员工出勤率或缺勤率。

例如，4 个公司员工出勤率统计如表 7-4 所示。

表 7-4　4 个公司员工出勤率统计样表

公司	上月曾在岗的员工数（含当月入职和离职人员）	上月应出勤天数	上月总应出勤天数	上月总实际出勤天数	员工出勤率
A 公司	102	21	2 034	1 742	85.64%
B 公司	86	21	1 798	1 576	87.65%
C 公司	79	21	1 549	1 392	89.86%
D 公司	48	21	998	969	97.09%

在统计员工出勤率时要注意，对于当月入职的员工，当月的应出勤天数为正式入职日期到当月最后一天的天数，减去这期间的法定休假日和公司规定的休假日；对于当月离职的员工，当月的应出勤天数为当月第一天到最后出勤日的天数，减去这期间的法定休假日和公司规定的休假日。

所以在表 7-4 中，上月总应出勤天数并不等于上月曾在岗的员工数（含当月入职和离职人员）和上月应出勤天数的乘积，而是上月所有曾在岗员工（含当月入职和离职人员）的应出勤天数的总和。

相同类别的公司之间可以比较员工出勤率的高低。员工出勤率比较低的公司，应当查找和总结原因，向员工出勤率比较高的公司借鉴经验。

根据经验，公司出勤率比较低的原因通常包括如下内容。

（1）存在个别出勤率比较低的员工，这些员工的低出勤率不仅影响公司整体的出勤率，还会影响其他员工的工作氛围。

（2）没有鼓励员工提高出勤率的制度和方法，出勤率高低与员工的切身利益没有直接的联系。

（3）管理者在日常管理活动中，没有向员工强调按照规定出勤的重要性，没有引导员工重视出勤率。

为了鼓励提高员工出勤率，公司可以参考的做法如下。

（1）在每月应发的基本工资外，可以增加员工的满勤津贴。这里的满勤津贴不是根据实际出勤天数 ÷ 满勤天数 × 应发的满勤津贴折算，而是假如满勤就全额发放，假如不满勤，哪怕离满勤只差 1 小时也不发放。也就是只有两种情况：要么发，要么不发。

（2）把出勤率和员工的季度奖金或年终奖金挂钩。这里也可以不根据出勤率的百分比折算季度奖金或年终奖金，可以定义当出勤率达到不同水平的时候，发放的季度奖金或年终奖金有不同的比例。例如公司可以规定，当员工的出勤率低于标准出勤率的 50% 时，不发季度奖金或年终奖金。

（3）把出勤率和员工的优秀评选挂钩。公司可以规定员工出勤率低于一定数值时，没有资格参加优秀员工评选；甚至可以更严格一些，直接规定出勤率不足 100% 的员工，就没有资格参加优秀员工评选。

除了以上 3 种方法，还有很多其他提高出勤率的方法，原则就是把出勤率和员工的切身利益关联起来，关联性越强，出勤率就越容易得到保障。

7.4.2 高效排班：排班影响业绩

很多时候，员工的排班直接影响着公司业绩。公司在给员工排班时，应当考虑不同时间段的工作量，根据需求的工作量安排员工的上下班时间，把员工的上班时间安排在有工作量需求的时候。

例如，某零售公司顾客的数量（客流量）与员工的工作量呈正比例关系。顾客数量越多，需求的员工人数也越多。以服务为主的岗位都有这样的特点，如餐厅的服务员、银行办理业务的柜员、营业厅中的柜员等。在服务行业，员工的排班发生变化时，有可能直接使公司的业绩发生变化。

笔者团队在检查该公司排班时，发现一家门店快餐品类岗位安排大部分员工的下班时间是 17 点。超市零售行业的顾客数量有个典型特点，就是每天到店购物的顾客数量会在 11 点 ~12 点这 2 小时，以及 17 点 ~18 点这 2 小时出现峰值。基于这个常识，笔者认为该门店该品类的排班是有问题的，可以进行改善。

改善排班的第 1 步是将该品类相关岗位员工晚上的下班时间延后 2 小时，改为 19 点下班。相应的，这些岗位员工的上班时间延后 2 小时，或午休时间延后 2 小时。这样做可以让大部分员工的上班时间，覆盖门店中午和晚上客流量比较集中的时间段。

在实施了这项改变后，笔者观察该门店快餐品类每天不同时间段的销售占比和客单价（顾客总购买金额 ÷ 客流量）的变化情况，发现在 18 点左右，快餐品类的销售占比和客单价有明显提高。

笔者调取了实施这项改变前 4 周和后 2 周的数据，其中该公司某门店快餐品类每天不同时间段的客流量占比如表 7-5 所示。

表 7-5　某公司某门店快餐品类每天不同时间段的客流量占比

时间段	7:00~7:59	8:00~8:59	9:00~9:59	10:00~10:59	11:00~11:59	12:00~12:59	13:00~13:59	14:00~14:59	15:00~15:59	16:00~16:59	17:00~17:59	18:00~18:59	19:00~19:59	20:00~20:59	21:00~21:59
改变前4周	0.07%	2.03%	4.87%	9.23%	14.83%	12.42%	6.70%	6.63%	7.16%	9.09%	10.57%	8.66%	5.36%	2.37%	0.02%
改变前3周	0.04%	1.56%	4.95%	9.18%	16.42%	13.53%	6.05%	5.34%	6.29%	8.53%	10.25%	9.38%	6.06%	2.41%	0.01%
改变前2周	0.06%	1.69%	5.08%	8.82%	16.03%	14.35%	6.14%	5.37%	6.40%	8.29%	9.71%	9.58%	5.74%	2.72%	0.01%
改变前1周	0.06%	1.86%	4.84%	8.51%	15.95%	14.73%	5.17%	4.94%	6.08%	7.50%	9.84%	10.70%	6.50%	3.19%	0.12%
改变周	0.08%	1.91%	5.43%	8.84%	14.83%	14.04%	6.89%	6.08%	6.94%	7.32%	9.50%	9.68%	5.21%	2.96%	0.29%
改变后1周	0.07%	1.56%	5.57%	9.25%	15.97%	13.95%	5.87%	5.30%	6.10%	7.47%	10.01%	9.79%	5.99%	2.92%	0.20%
改变后2周	0.02%	1.86%	5.40%	9.16%	15.51%	13.63%	5.51%	5.01%	5.98%	8.26%	10.41%	9.94%	5.90%	3.22%	0.17%

从表 7-5 中的数据能够看出，在改变排班后的 2 周，快餐品类每天 18 点左右的客流量占比与改变排班前的 4 周相比没有发生明显的变化。这说明该门店快餐品类的客流量在每天 18 点左右具有一定的稳定性，没有因为改变排班而发生明显的变化。

然而，在客流量没有发生明显变化的情况下，每天 18 点左右的销售额占比却发生了比较大的变化。该公司某门店快餐品类每天不同时间段的销售额占比如表 7-6 所示。

表 7-6 某公司某门店快餐品类每天不同时间段的销售额占比

时间段	7:00~7:59	8:00~8:59	9:00~9:59	10:00~10:59	11:00~11:59	12:00~12:59	13:00~13:59	14:00~14:59	15:00~15:59	16:00~16:59	17:00~17:59	18:00~18:59	19:00~19:59	20:00~20:59	21:00~21:59
改变前4周	0.05%	1.88%	5.99%	11.07%	13.67%	10.78%	6.64%	6.81%	7.47%	9.30%	10.06%	9.66%	4.64%	1.98%	0.00%
改变前3周	0.02%	1.71%	5.96%	10.59%	15.91%	11.86%	6.41%	5.73%	6.81%	8.67%	10.02%	8.65%	5.61%	2.05%	0.00%
改变前2周	0.02%	1.50%	6.38%	10.55%	15.46%	12.77%	6.00%	5.91%	6.78%	8.92%	9.51%	8.38%	5.09%	2.72%	0.01%
改变前1周	0.16%	1.94%	6.67%	10.25%	15.66%	12.05%	5.45%	5.49%	6.33%	8.23%	9.91%	9.83%	5.64%	2.32%	0.05%
改变周	0.04%	1.87%	7.48%	10.44%	14.30%	11.72%	6.88%	5.85%	7.25%	7.58%	9.90%	8.38%	5.98%	2.16%	0.16%
改变后1周	0.04%	1.52%	6.83%	11.51%	14.69%	11.12%	5.34%	5.37%	7.45%	7.61%	10.34%	10.24%	5.08%	2.74%	0.13%
改变后2周	0.01%	1.70%	7.03%	10.88%	14.95%	11.49%	5.40%	5.02%	6.08%	8.78%	10.23%	10.74%	4.99%	2.61%	0.09%

从表 7-6 中的数据能够看出，改变排班后的 2 周，该品类每天 18 点左右的销售额占比比改变排班之前 4 周有了明显提高。改变排班之前 4 周该品类在每天 18 点左右销售额占比的最低值为 8.38%、最高值为 9.66%。而在改变排班后的 2 周，该品类在每天 18 点左右的销售额占比提高到了 10.24% 和 10.74%，平均值为 10.49%，比原来的最低值提高了 25.18%，比原来的最高值提高了 6.71%。

能够印证这种变化的还有客单价的变化。该公司某门店快餐品类每天不同时间段的客单价如表 7-7 所示。

表 7-7 某公司某门店快餐品类每天不同时间段的客单价

单位：元 / 人

时间段	7:00~7:59	8:00~8:59	9:00~9:59	10:00~10:59	11:00~11:59	12:00~12:59	13:00~13:59	14:00~14:59	15:00~15:59	16:00~16:59	17:00~17:59	18:00~18:59	19:00~19:59	20:00~20:59	21:00~21:59
改变前4周	12.34	15.53	20.62	20.10	15.45	14.54	16.61	17.21	17.47	17.15	15.96	14.70	14.51	14.03	2.05
改变前3周	7.38	15.44	17.02	16.32	13.71	12.40	14.98	15.19	15.33	14.38	13.82	13.05	13.09	12.03	5.50

续表

时间段	7:00~7:59	8:00~8:59	9:00~9:59	10:00~10:59	11:00~11:59	12:00~12:59	13:00~13:59	14:00~14:59	15:00~15:59	16:00~16:59	17:00~17:59	18:00~18:59	19:00~19:59	20:00~20:59	21:00~21:59
改变前2周	4.71	13.33	18.90	18.01	14.52	13.40	14.72	16.57	15.94	16.20	14.74	13.18	13.34	15.05	6.60
改变前1周	36.57	15.05	19.90	17.40	14.17	11.81	15.25	16.04	15.03	15.85	14.53	13.27	12.51	10.51	6.55
改变周	8.55	15.92	22.45	19.22	15.70	13.60	16.27	15.67	17.02	16.86	16.98	14.10	18.69	11.90	8.88
改变后1周	8.76	14.62	18.39	18.65	13.78	11.94	13.62	15.18	18.30	15.27	15.48	15.67	12.71	14.06	9.55
改变后2周	6.71	13.85	19.65	17.93	14.54	12.73	14.79	15.11	15.36	16.03	14.83	16.30	12.75	12.23	7.99

从表 7-7 中的数据能够看出，改变排班后的 2 周，该品类在每天 18 点左右的客单价比改变排班前 4 周有了明显提高。改变排班之前 4 周该品类在每天 18 点左右客单价的最低值为 13.05（元 / 人）、最高值为 14.70（元 / 人）。而在改变排班后的 2 周，该品类在每天 18 点左右的客单价提高到了 15.67（元 / 人）和 16.30（元 / 人），平均值为 15.985（元 / 人），比原来的最低值提高了 22.49%，比原来的最高值提高了 8.74%。

销售额占比和客单价的提升，得益于改变排班后，到快餐品类区域购买商品的顾客有了足够的服务人员和销售人员，从而提高了销售业绩，减少了商品滞销造成的损耗。改变排班并没有增加员工的上班时间，却让员工的劳动更有成果，提升了员工的人效。品类销售业绩提升之后，员工的月度绩效工资将会提高，从而能提高员工的满意度。

通过合理排班，公司在没有付出更多成本的情况下，既能满足顾客的需求，让顾客获得更好的服务；又能满足业绩的需求，让销售额提高，损耗减少；还能满足员工的需求，让员工的收入提高，可谓一举三得。

7.4.3 应对异常：异常考勤处理

组织要妥善处理员工的异常考勤。当员工出现异常考勤的时候，如果组织不重视，或者处理不善，有可能引发一系列的连锁反应，影响组织整体的出勤率。常见的员工异常考勤情况、应对方法及注意事项内容如下。

1. 员工休假

员工休假包括正常休假、年休假、探亲假、婚假、丧假、事假、病假、产假、流产假、工伤假。为了规范管理，除正常休假外，组织应当规定其他情况的休假必须填写请假单。

请假单原则上应在休假前填写，如遇特殊情况，员工必须在上班前以电话或短信的形式通知部门负责人，部门负责人明确表示同意后，由部门负责人指派其他人代走请假单程序。如果员工没有请假，又没有出勤，可以视为旷工。

对于年休假、探亲假、病假、婚假、产假、丧假等，组织应当参照国家的法律法规执行。在国家相关法律法规规定范围内的病假、婚假、产假、丧假等视同出勤。正常的婚假、病假、产假等假满结束后需要继续休假的，可以视为事假管理。

员工履行病假、婚假等请假手续前，必须及时提交相关的请假证明。例如员工在请婚假前，应向人力资源部门提供结婚证；员工请病假，必须提供正规医院开具的病历和诊断证明。没有相关证据的，应当按事假处理。

对事假天数的审批，组织可以制定权限指引。例如某公司规定主管级有权审批 7 天以内的事假，经理级有权审批 14 天以内的事假，总监级有权审批 30 天以内的事假，副总经理级有权审批 60 天以内的事假，60 天以上的事假必须由总经理审批。

需要注意的是，对于为避免审批权限的限制连续多次请假的事件，组织应严肃处理。组织可以在制定考勤管理制度时，直接规定当出现一段时期内的连续请假时，必须根据组织的权限指引履行请假手续。

2. 出差与外出

除休假外，员工的出差和平时的外出也是考勤比较容易出现异常的情况。

员工短期外出办事，应填写外出人员登记表，写明外出的日期、外出的事由、外出的具体时间段，由直属领导签字同意后才可以执行。员工外出返回后，需要找相应的考勤管理人员确认，如果有打卡设备记录员工的外出时间和返回时间是最好的。

员工因工作需要出差时，必须提前填写出差申请单，填写清楚出差事由、出差期限、途经城市、预计费用等，并遵循组织的权限指引逐级审批。例如总监级以下人员出差，由上级领导审批；总监及总监以上级别人员出差，除了需要上级领导审批，还需要总经理审批；到国外出差，全部由总经理审批。

出差申请单是核对考勤情况的要件，也可以作为出差报销结算的必备附件。如果员工由于状况紧急，没有提前履行出差审批手续，出差前可以电话或短信的方式向相关领导请示，找他人代走手续。出差人员无法在预定期限返回的，必须向相关领导申请，请他人代走手续。

组织一定要严肃认真对待出差的审批流程。员工没有履行出差必需的相关程序，不能算出差；如果有员工未履行出差审批程序私自出差，应当按旷工处理。

3. 旷工

旷工是比较严重的考勤异常，是组织应当严厉杜绝的情况。

员工在什么情况下算旷工呢？

员工在应上班时间不到岗就算是旷工，不过除了这种情况，还有很多其他情况也可以算旷工。例如请假、调休、出差、补休等行为未获得直属领导同意而直接不上班的，或上班时间无正当理由擅自离岗的，包括不履行出差手续擅自出差的，都可以算旷工。另外，如果员工迟到和早退超出了一定的时间范围，例如迟到超过 2 小时，也可以视为旷工。

当员工旷工时，组织应该怎么办呢？

一般来说，组织可以第一时间电话联系员工，通知员工尽快回到工作岗位上。根据组织的劳动纪律和相关制度，如果员工一定天数都出现旷工，或组织联络不上员工时，组织可以依次向员工发放恢复上班通知函和解除劳动关系函。